公路软土路基“桥头跳车”治理方法与实践

朱汉华 等 著

人民交通出版社股份有限公司
China Communications Press Co.,Ltd.

内 容 提 要

本书结合作者多年工程实践经验,总结了公路软土路基"桥头跳车"的治理方法。全书共两部分,第一部分主要介绍公路软土地基强度与流变特性对比试验研究、公路软土路基的基本规律及实用设计方法;第二部分主要介绍公路软土路基"桥头跳车"处治实践案例。

本书可供公路工程建设相关科研及技术人员参考,还可供高等院校相关专业师生学习参考。

图书在版编目(CIP)数据

公路软土路基"桥头跳车"治理方法与实践 / 朱汉华等著. — 北京 : 人民交通出版社股份有限公司, 2017.6

ISBN 978-7-114-13872-0

Ⅰ. ①公… Ⅱ. ①朱… Ⅲ. ①公路路基—软土地基—地基处理 Ⅳ. ①U416.1

中国版本图书馆 CIP 数据核字(2017)第 121776 号

书　　名: 公路软土路基"桥头跳车"治理方法与实践
著 作 者: 朱汉华　等
责任编辑: 黎小东
出版发行: 人民交通出版社股份有限公司
地　　址: (100011)北京市朝阳区安定门外外馆斜街 3 号
网　　址: http://www.ccpress.com.cn
销售电话: (010)59757973
总 经 销: 人民交通出版社股份有限公司发行部
经　　销: 各地新华书店
印　　刷: 北京鑫正大印刷有限公司
开　　本: 720 × 960　1/16
印　　张: 6
字　　数: 79 千
版　　次: 2017 年 6 月　第 1 版
印　　次: 2017 年 6 月　第 1 次印刷
书　　号: ISBN 978-7-114-13872-0
定　　价: 30.00 元

前　　言

公路软土路基不均匀沉降现象较多，特别是“桥头跳车”问题更为突出。而现有公路软土路基之地基处理方法和分析方法也很多，为什么成功案例不多且适用性不广呢？作者认为，关键是公路路基路面力学分析理论与实际应用方法在相适应或匹配上有问题，容易忽视的两个原因是：①路基连续体与离散体的主要差别在于离散体可以承受压力，但是基本不承受拉力，也不能承受力矩；而连续体可以承受压力、拉力和力矩。控制软土路基受力变形状态的稳定性很重要。②软土路基之地基软土具有大孔隙比、高压缩性、高含水率、低渗透性、低强度、强流变性、结构性强、灵敏度高等特点，容易引发路基不均匀沉降现象。控制软土流变引起的不稳定连续沉降量很关键。

软土材料受力过程中，微观结构发生变化的电镜扫描结果表明：软土受力程度不同，土颗粒架构也不同，软土地基固结、流变特性与受力程度相对应。因此，软土结构力学分析结果应用适用性较差，结构变形协调理论或假定不能解决问题，只能采用结构变形协调控制措施才能解决公路软土路基“桥头跳车”问题。

软土路基平面应变问题与太沙基理论假定的一致性，要求控制路基受力变形状态稳定性。事实上，现有公路软土路基力学分析与处理方法都隐含路基变形协调控制假定，即控制路基受力变形状态稳定性，可以承受压力、拉力和力矩，实际操作中往往忽视了路基受力变形状态稳定性，例如宕渣路基只能承受压力，不能控制软土路基不均匀沉降；普遍考虑了软土地基的固结和次固结影响，忽视了控制软土流变引起的不稳定连续沉降量。因此，软土路基不均匀沉降现象较多，特别是“桥头跳车”问题更为突出也不足为奇。

本书针对现有公路软土路基分析理论与处理方法存在的两个问题，从路基路面力学分析理论与实际应用方法相适应或匹配问题入手，在总结经验和辩证思考的基础上，围绕控制软土路基受力变形状态稳定性和软土流变引起的不稳定连续沉降量等指标，按照结构变形协调控制方法改进软土路基设计方法，结合路基设计规范，注重控制路基受力变形状态稳定性和纵向过渡性。其关键技术是控制软土路基不均匀沉降的底板或框格以及纵向过渡性桩基；其中，桩的纵向过渡长度与桥头路基渐变高度相关，轻质材料要注意分层整体性控制和汽车荷载均匀分布结构层控制，以便将桥头路基不均匀沉降控制在允许范围内，从而达到治理公路软土路基“桥头跳车”现象的目的。

本书除主要作者朱汉华外，范永根、范立峰、马亚舟、傅欣、朱春东、沈佳、沈军、李国楼、李威、熊少辉、王开太、赵永利、雷敏跃、马秀萍、梁永刚、张跃明、许东风、于远征、朱国燕、朱荷柳等同志也是作者之一，为本书的编写也做出了重要的贡献。在本书的编写过程中，特别得到孙钧院士的悉心指导，特致敬意！

由于作者水平所限，书中难免有不妥与错谬之处，敬请读者批评指正。

作　者

2017 年 5 月

目　录

第一部分　公路软土路基改进设计方法

第二部分　公路软土路基改进设计工程建设实践

公路软土路基改进设计方法

1　公路软土路基不均匀沉降现象分析

公路软土地基具有大孔隙比、高压缩性、高含水率、低渗透性、低强度、强流变性、结构性强、灵敏度高等特点，容易引起路基出现不均匀沉降现象。其核心问题是公路软土路基设计分析模型［图 1. 1a)］与软土宕渣路基实际受力变形状态［图 1. 1b、c)］不一致。

理想路基属于连续体路基，而宕渣路基属于离散体路基。连续体和离散体的主要区别在于：离散体之间可以承受压力，但是基本不承受拉力，也不能承受力矩；而连续体可以承受压力、拉力和力矩。

在实际工程中，汽车荷载是典型的点动荷载（据统计，某地区港口超载集装箱汽车超载可达 200t)，会在路基底部形成明显的拉弯区［图 1. 1b)］，并非理想状态的纯压力区［图 1. 1a)］。此时如按照现行规范将汽车当作均布荷载处理，仍使用连续体模型［图 1. 1a)］，将会产生很大的差距。部分软土路基发生倾向滑移状况［图 1. 1c)］也存在类似差距，请设计者予以关注。

目前，实现公路路基受力变形状态稳定性的措施很多，例如：EPS（聚苯乙烯泡沫)、泡沫混凝土、下隔板等。其中，EPS 和泡沫混凝土不仅改变了路基受力变形状态稳定性，同时改变了荷载大小；而下隔板仅仅改变了路基受力变形状态稳定性。

下面以 104 国道某窄桥工程为例，先定性说明路基受力变形状态稳定性的作用，然后再定量展开研究。

104 国道西复线某窄桥工程，为旧桥加宽工程，桥台填土高度为 2. 4m，软土层厚 39. 5m；旧桥于 1999 年通车，新桥加宽于 2009 年通车；旧桥采用传统上搭板技术，而加宽的新桥采用下隔板上直接填宕渣。旧桥桥头路基现仍继续沉降，且超过加宽的桥头软基沉降量，总沉降为 11. 23cm；而加宽部分新桥桥头路基经过 4 年运行，总沉降量为 4.75cm，无明显不均匀沉降（图 1.2）。

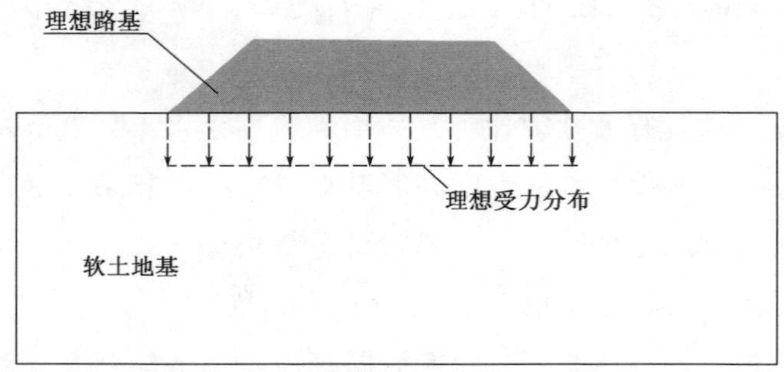

a) 公路软土路基的理想受力分布(设计分析模型)

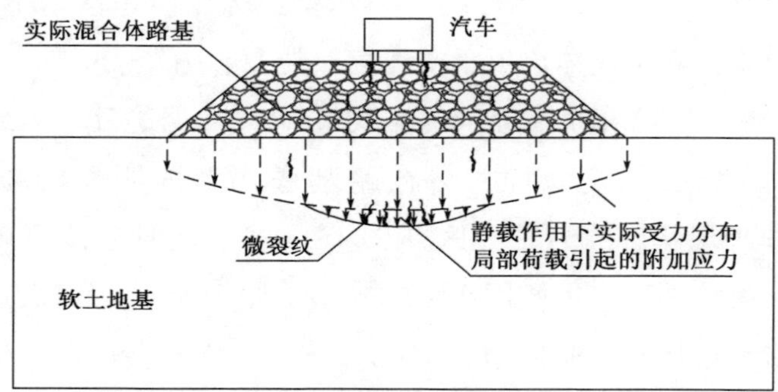

b) 公路软土宕渣路基在路基静载作用和汽车局部动载作用下实际受力变形状态（与设计分析模型有差别）

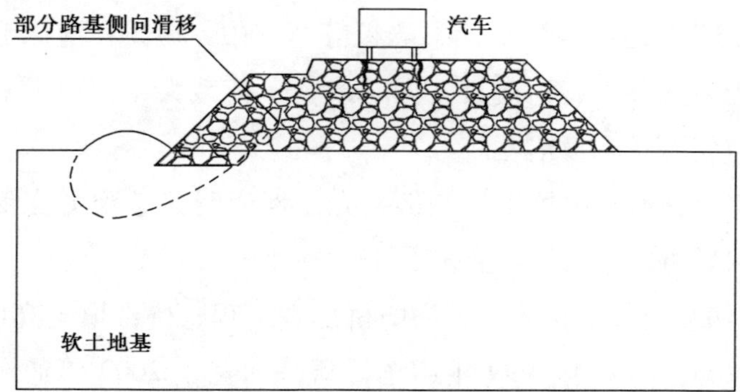

c) 公路软土宕渣路基产生局部侧向滑移示意图(与设计分析模型有差别)

图 1.1　公路软土路基设计模型与软土宕渣路基实际状态对比

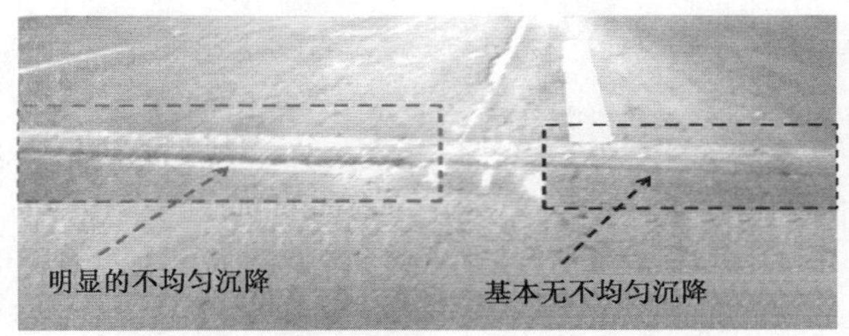

图 1.2　104 国道西复线拓宽工程老路与拓宽侧路面对比

从上例可以发现，需要从力学机理深刻分析公路软土路基不均匀沉降产生的原因，才有可能找到有效治理办法。通过大量公路软土路基应力变形状态力学试验，根据流变特性绘制出淤泥质软土在 50kPa 正应力作用下的安全边界线，如图 1.3 所示。

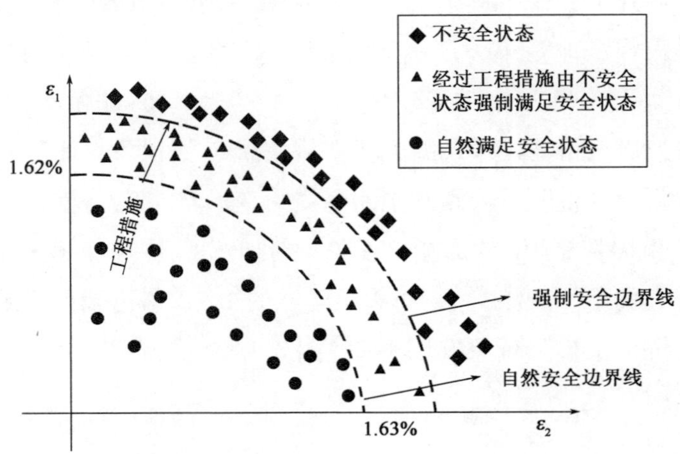

图 1.3　软土地层工程安全曲线图

从图 1.3 可见，当软土变形处于边界线以内时，结构处于自然安全状态，即结构整体处于变形协调控制状态；反之，当软土变形处于边界线以外时，结构处于不安全状态，即结构处于变形不协调状态。但是，可以通过适当的工程措施，构建强制安全边界线，使处于不安全状态的软土强制处于安全状态，例如通过注浆、桩基础、下隔板等措施，来提高软土的安全边界线，从而使整个结构处于变形协调控制状态，强制使结构处于安全状态。

2 公路软土路基“桥头跳车”治理方法的发展过程概述

20 世纪 90 年代以来，我国高速公路建设快速发展，公路软土路基“桥头跳车”治理方法也逐步发展起来，特别是掺灰土路基的成功应用，推动了公路软土路基“桥头跳车”治理基础理论的探索与实践。其中，1999 年某省交通厅专门制订了《治理公路工程三大质量通病的实施方案》；在此背景下，全省交通系统研发了许多治理“桥头跳车”的技术方案，在一定程度上提升了“桥头跳车”的治理水平。例如：1999 年，某市西过境高速公路桥头软土地基第一层铺大石头，极大地减小了桥头路基沉降差；2007 年，嘉兴至苏州之间一座 3 跨 20m 的桥梁，嘉兴侧桥头为宕渣路基，苏州侧桥头为灰土路基，嘉兴侧出现“桥头跳车”现象，而苏州侧无“桥头跳车”现象。这说明了公路软土路基受力变形状态稳定性的重要性。

前述某市 104 国道旧桥加宽工程中，新加宽的 3 ~ 4 车道采用下隔板技术，无“桥头跳车”现象；而 1999 年建成的 1 ~ 2 车道采用宕渣填筑，仍然出现了“桥头跳车”现象（图 1. 2、图 2. 1）。

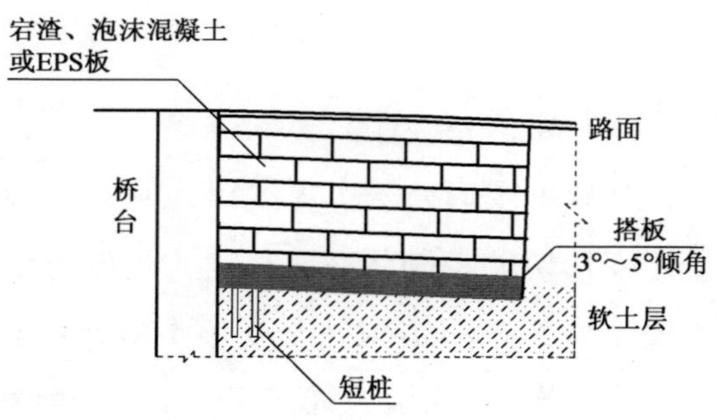

图 2. 1　104 国道西复线拓宽工程路基结构图

2012 年，某省沿海高等级公路软土地基段按规范设计，公路路基采用宕渣填筑，虽然严格按照规范施工，但由于违背了路基受力变形状态稳定性控制，后来也发生了路面基层开裂，最后采用注浆加固才得以解决(图2.2)。该实例进一步说明了公路软土路基受力变形状态稳定性的重要性。

a)

b)

c)

图2.2　某省沿海高等级公路软土路基开裂照片

2014 年，某项目组继续开展软土路基“桥头跳车”治理方法研究工作，在孙钧院士的指导下，继承前人研究成果，主要从软土路基受力变形状态稳定性、软土地基固结与流变特性两个方面开展研究与实践，取得了以下成果：

（1）力学层面认识。传统力学理论解决公路软土路基不均匀沉降（含桥头跳车）问题有适用条件，例如软土路基受力变形状态稳定性设计就非常重要，出现误差是免不了的。

（2）实践层面认识。打一个比方，做豆腐与压豆渣的差别是稳定性不同，两者结果也有差异。

（3）工程试点效果。项目组在浙江省嘉兴市 7 条公路工程进行了路基掺灰稳定土实践，取得良好效果，没有出现“桥头跳车”现象；共施工 44.452km，使用掺灰稳定土 209.1 万 m^3，资金节约率达 23.6%，并回收利用了大量废土，保护了生态环境。在宁波、温州、台州等地区的试点也取得良好效果，并形成了下隔板等结构措施，有效解决了公路软土路基“桥头跳车”问题（图 2.3）。

a) 掺灰土路基

图 2.3

b) 轻质填料路基

40cm级配碎石
35cm钢筋混凝土搭板
15cm级配碎石
路面结构层
梁
宕渣
级配碎石
黏土
4cm变形缝
实心桩头
方形1m×1m
大直径管桩
ϕ1m
桥台桩柱
增设牛腿
桥台桩柱
淤泥质黏土
淤泥质粉质黏土
淤泥质黏土
第2级过渡段10m
第1级过渡段10m
桥台加固段10m

c) 下隔板过渡路基

图 2. 3　几种有效处理软土路基“桥头跳车”问题的方法

3 古代结构稳定性的启示

3.1 广西真武阁结构的启示

广西容县的真武阁（图3.1）有两大特色：

（1）经略台建于唐代（至今1000多年），位于砖墙内填土夯实的河砂之上，既没有坚硬的石头，也没有牢固的钢筋水泥；而真武阁建于清代，位于经略台（砂堆）上，历400多年5次地震而不倒，其基础具有良好的隔震作用。这种方法近年已在建筑中应用，即在有些钢筋水泥大厦的地基下先铺一层厚砂，再浇筑钢筋混凝土地网基座。

（2）阁楼20根笔直挺立的巨柱中，8根直通顶楼，是三层楼阁全部荷载的支柱。柱之间采用梁枋相互连接，柱上各设有四朵斗拱，上面承托四根棱木，有力地把楼阁托住，类似于板凳的合理受力结构。二层楼的四根大内柱，承受上层楼板、梁架、配柱和阁瓦、脊饰的沉重荷载，柱脚却悬空离地3cm，符合杠杆结构原理，曾历经3次台风却稳如泰山。

图3.1 广西真武阁照片

3.2　印度杰塞梅尔沙堡被废水冲毁的启示

印度杰塞梅尔沙堡是一座具有800多年历史的沙漠城堡，由于旅游业的发展，城堡里建起了许多旅馆、酒店和娱乐场所，居民也开始使用方便的自来水。但因为没有完善的排水设施，大量废水通过简易的排水沟流淌，不断地冲刷沙堡根基，部分沙石城墙因此而被泡塌。原本城墙上保存完整的99座堡垒，目前已有好几座被毁掉。印度杰塞梅尔沙堡原本处于有条件的暂时平衡状态，当大量废水不断地冲刷沙堡根基时，沙堡原来的平衡体系遭到破坏，因而导致沙堡被废水冲毁（图3.2）。

图3.2　印度杰塞梅尔沙堡

将印度杰塞梅尔沙堡与我国广西真武阁在结构稳定性方面进行对比发现，沙漠地基周边没有稳定墙体固沙，砖石结构整体性没有木结构整体性好，再遇到大量废水不断地冲刷沙堡基础，沙堡被废水冲毁也在情理之中。

3.3　福建土楼——和贵楼的启示

福建土楼——和贵楼（图3.3）建于清代雍正十年（1732年），占地1547m^2，高五层共21.5m，建在沼泽地上，用200多根松木打桩、铺垫，历经200多年仍坚固稳定，完好如初。据说当初选址建楼，开始并未发现这是块沼泽地，楼建了一层，忽然整层楼像沉船一样，慢慢下沉到了烂地里（这是因为在未经处理的软土地基上，随着楼层的增高，附加荷载迅速变大，因而发生了整层楼沉入沼泽地的事故）。建楼师傅无可奈何，只好在下沉的楼墙上打了100多立方米的排桩，他们觉得地基这下牢固了，于是又从头开始夯墙，建起了一座五层高的方楼。200多年来，和贵楼固若金汤，稳如泰山。

图3.3　福建土楼——和贵楼

从结构力学的观点看，和贵楼之所以能够历时百年而屹立不倒，在设计上有其独到的地方，具体分析如下：

第一，结构受力变形状态稳定性控制，保证了和贵楼的合理受力分布与整体变形协调。

第二，利用松木桩加固软土地基，提高了软土地基的整体有效承载力。

综上所述，借鉴和贵楼“不沉”的原理，对现有公路软土路基不均匀沉降进行力学分析，可以得到对公路软土地基处理的基本原则，即：①控制软土路基受力变形状态稳定性；②降低软土路基的质量和提高软土地基的承载能力。

目前软土地基处理普遍使用土的固结理论。认为饱和软土地基在荷载作用下，将产生超静孔隙水压力，随着时间发展，土体孔隙中水被排出，超静孔隙水压力逐步消散，土体中有效应力逐步增大，直至超静孔隙水压力完全消散，变形趋于稳定，这一过程称为土的固结。

1925 年，太沙基（Terzaghi）首次从理论上和数学上以比较严密的方式描述了土的固结，创立了经典的一维固结理论。该理论基于下列假定：

（1）土体为完全饱和的均质土。

（2）土骨架的压缩和孔隙水的渗流仅发生在一个方向上（通常为竖向）。

（3）土颗粒和孔隙水不可压缩。

（4）土中水的渗流服从达西定律，土体渗透性在固结过程中不变。

（5）土体是线弹性体，其压缩性在固结过程中不变。

（6）荷载为一次瞬时施加。

（7）土层边界是完全透水或者完全不透水。

按照太沙基一维固结理论，土中的超静孔隙水压力完全消散后，土的固结过程结束，土体变形将不再发展。然而，大量的室内试验和现场工程测试结果表明：在软土中超静孔隙水压力完全消散、有效应力不变的情况下，土体的变形并没有停止，而是随时间继续缓慢发展。这部分变形就是由于软土具有的流变特性所产生的。流变特性是指在土体有效应力不变的情况下，其变形还随着时间继续增大的性质，即土体变形的次时间效应。显然，为了使固结理论假定更接近实际，必须采取结构变形协调控制措施，使得软土路基受力变形状态稳定性符合太沙基一维固结理论。

4 公路软土路基合理结构和力学分析方法的探索

传统的“苹果落地点预测”（简称苹果问题）与“树叶落地点预测”（简称树叶问题）的预测理论相同，但实际预测方法不同。为此，可以借鉴人（幼年、成年、老年等阶段）保持运动稳定性的方法，简单地解决“树叶问题”。因此，如果采用“苹果方式”解决“树叶问题”，工程结构的计算结果与实际结果会相差较大，甚至出现安全隐患。其中“苹果问题”有精确解，而“树叶问题”是概率事件（图4.1）。当概率边界条件采用控制措施（关键是结构变形协调控制措施）后才能采用精确法解决问题。

a) 苹果问题

b) 树叶问题

图4.1 苹果与树叶落地点预测方法比较

例 4.1　做豆腐有两个关键工艺——①原浆掺入石膏（卤盐）凝固；②再上下用板加压定型，技术简易。而豆渣再怎么压实，遇水也容易膨胀甚至松散，关键是豆渣内没有掺入凝固材料。公路软土路基不均匀变形问题的核心是控制软土颗粒不规则移动，参照做豆腐办法，简易地控制路基受力变形状态稳定性。

例 4.2　传统软土路基分析理论采用确定性方法，即弹簧、黏壶、滑块等，模拟软土地基（颗粒）不确定性移动特性。国际上普遍认为，软土地基之力的计算较准确，变形计算误差较大，与函数关系 $y=f(x)$ 是相矛盾的。虽然理论逻辑严谨，但是只有通过技术措施控制软土颗粒规则移动，即简易地控制路基受力变形状态稳定性，软土路基变形计算结果才能在工程允许范围之内。

例 4.3　表 4.1 所示为公路整体性路基与非整体性路基沉降对比结果。从表中可知，1 号公路不能控制路基沉降，而 2 号公路却能够控制路基沉降。究其原因，两者差别就是路基受力变形状态稳定性或结构变形协调控制（图 4.2）。

公路整体性路基与非整体性路基沉降对比　　表 4.1

指标＼区域	1 号 公 路	2 号 公 路	结论
路面	约 0.15m 沥青混凝土	约 0.15m 沥青混凝土	基本相同
水稳层	0.4～0.6m 水稳层	约 0.4m 水稳层	基本相同
路基	1.5～2.0m 宕渣（松散体路基）	1.5～1.7m 石灰土（整体性路基）	差别明显
软土流变特性	11.63μm/cm 流变沉降	12.01μm/cm 流变沉降	基本相同

图 4.3 所示为软土受力过程中微观结构发生变化的电镜扫描结果。图中表明：软土受力程度不同，土颗粒架构也不同，软土地基固结、流变特性与受力程度相对应。因此，公路软土路基平面应变问题与太沙基理论假定的一致性，要求控制路基受力变形状态稳定性；而现行软土结构力学分析结果适用性较差，为此，只有采用相应的结构控制措施，才能解决公路软土路基“桥头跳车”问题。

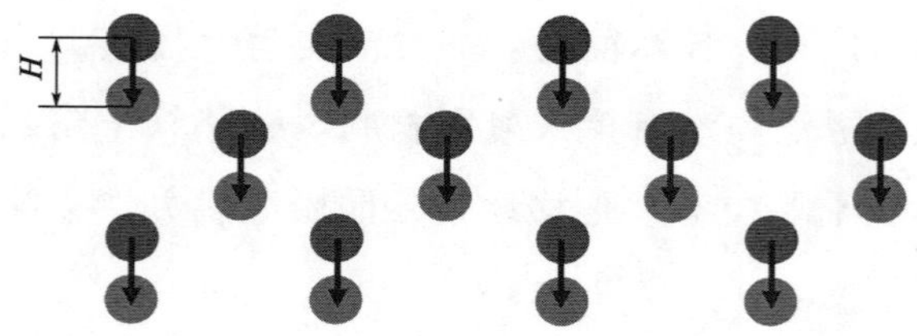

a) 软土固结近似沉降量H(维持土颗粒架构、沉降量较小)

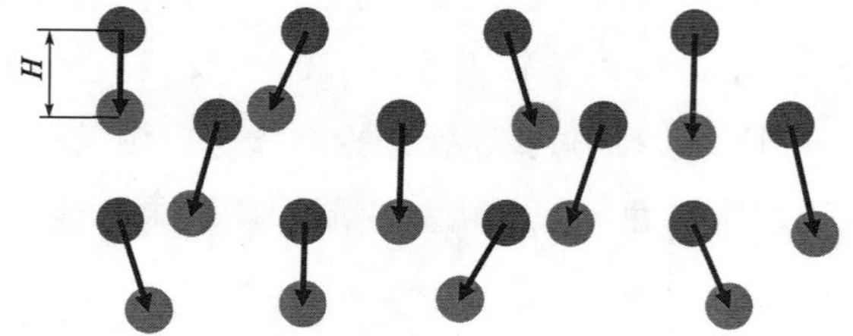

b) 软土固结流变近似沉降量H(改变土颗粒架构、沉降量较大)

图 4. 2　公路软土地基固结与流变耦合沉降对比

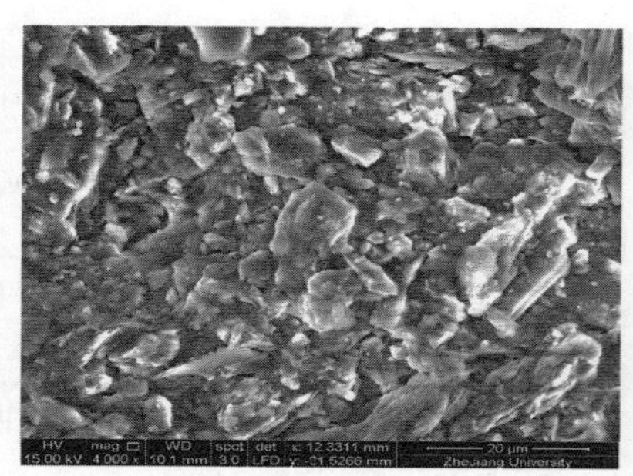

a) 软土放大4000倍初始状态图

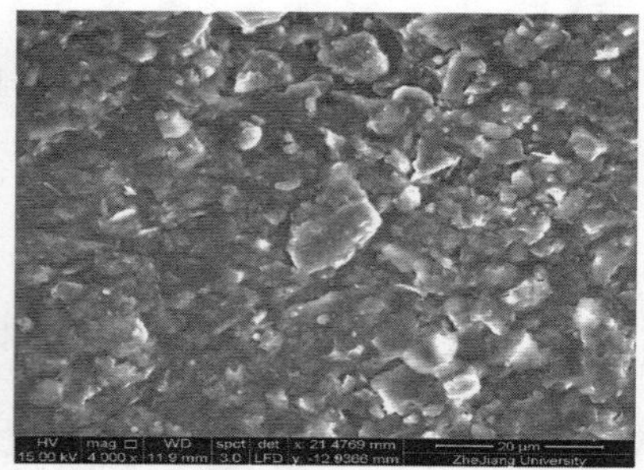

b) 软土在12.5kPa压缩后放大4000倍状态图

图 4. 3　软土受力过程中微观结构发生变化的电镜扫描结果

牛顿力学（$F = ma$，结构重心像质点一样是不变的）是工程力学的源头，应用工程力学（$F = P + T = P_0$）解决工程结构力学与变形问题时，其求和过程$\sum F_i = \sum P_{0j}$要满足以下两个条件：①受力结构质量（构造）m、运动（变形）a 的稳定性和环境适应性；②受力结构传力 F 的合理性，否则，要采用工程结构构造控制措施。工程力学是建立在材料性质和微观结构确定的基础之上的，但是部分工程结构在受力过程中，材料性质和微观结构会发生变化且变化方式及规律未知，其结构本构关系、积分和传力路径会发生改变，应用工程力学解决工程结构问题时，要求工程结构设计施工满足结构变形协调控制条件。因此，①工程结构稳定平衡理论解决相对成熟工程问题可用精确分析法（$F = P_0$，计算平衡方程）；②工程结构稳定平衡与变形协调控制方法解决相对复杂工程问题时，可采用工程结构变形协调控制措施，把“树叶问题”转换成“苹果问题”后采用精确分析法（$F = P_0$，计算平衡方程）。显然，公路软土路基力学分析方法属于第二种方法，即先对路基采用变形协调控制措施，然后对软土路基进行力学分析。这样，公路软土路基受力变形状态计算结果与实际结果的误差便可控制在允许范围之内。

比如，在自然界中，单个水草并不能垂直浮在水面上，而通过自然演化，水草底部往往错综盘结，形成一个平面结构，稳定整个水草群，保证水草群的整体稳定平衡（图4.4）。

图4.4　水草群稳定平衡状态

类似的理念常被应用于土木工程中，例如：公路软土路基采用下隔板措施，即手摆片石上铺混凝土、细粒土掺石灰等黏结剂等；高铁路基采用下隔板措施，即底部细粒土掺水泥或注水泥浆、上部细粒土加铺沥青等；其最终目的是达到路基受力变形状态稳定性要求。

类似的其他工程实践还有：①解放军当年进藏修路时，在川藏公路沼泽地路基底部铺设木排，以保障路基受力变形状态稳定性；②浙江黄岩软土路基底部设小木桩＋深层搭板等措施，以保障路基受力变形状态稳定性；③浙江温州、台州、嘉兴等地已通车公路软土路基采用灌注水泥浆固结路基，杭宁高速公路湖州出口连接线路基采用固结治理等，保障路基受力变形状态稳定性。

对于软土层厚度大、土质差的软土地基而言，为了有效推广软土路基下隔板等措施和类似的其他工程措施以及开发新措施、新工艺，较之于汽车轮渡与橡皮船装载较重散件的现象就更直观。船底结构刚度不同，较重散件自身变形特性不同，其中橡皮船中的较重散件之间就会出现变形差，而汽车轮渡中的较重散件之间变形就较均匀；如果两船装载物体自身能够控制受力变形状态稳定性，那么船底结构刚度就不受影响。相应地，路基受力变形状态稳定性或采用路基底板控制路基受力变形状态稳定性，均能有效控制软土路基的沉降变形差异。

综上所述，只有深入研究软土特性（包括固结、次固结、流变特性等），才能解决软土地基处理方法适用性问题；只有研究保证路基受力变形状态稳定性措施（例如下隔板）和轻质性（例如泡沫混凝土），才能解决物理概念符合性问题和工程力学分析准确性问题。

5　公路桥头软土路基整体性与松散性对比试验和计算分析

针对不同的路基结构，分别对前文中所述1号公路松散性路基、2号公路整体性路基进行了钻孔取芯，1号公路和2号公路在同一软土区域，两者相隔不远。

采取平均1m深度1个土样的方式，对软土路基进行垂直式取样。1号公路、2号公路的路基结构对比如表5.1所示，钻孔软土芯样如图5.1所示。

1号公路、2号公路的路基结构对比　　表5.1

公路	孔号	路　面	水 稳 层	路　基
1号公路	HZK2	0~0.15m 沥青混凝土	0.15~0.55m 水稳层	0.55~2.5m 石墙（土石混合物）
	HZK3	0~0.15m 沥青混凝土	0.15~0.63m 水稳层	0.63~2.1m 石墙（土石混合物）
	HZK4	0~0.15m 沥青混凝土	0.15~0.75m 水稳层	0.75~2.3m 石墙（土石混合物）
2号公路	ZK2	0~0.15m 沥青混凝土	0.15~0.52m 水稳层	0.52~2.2m 石灰土
	ZK3	0~0.15m 沥青混凝土	0.15~0.52m 水稳层	0.52~2.0m 石灰土
	ZK4	0~0.15m 沥青混凝土	0.15~0.53m 水稳层	0.52~2.1m 石灰土
比较		基本相同		差别明显

对比图5.1a)、b）可知，2号公路采用石灰土路基，属于整体性结构，使软土地基受力分布均匀，可以控制路基不均匀沉降。相反地，1号公路采用宕渣路基，属于松散性结构，在汽车动荷载作用下，易产生松散体滑移重排，导致局部应力集中，逐步形成路基不均匀沉降。

对传统的软土路基进行受力分析时，往往将宕渣路基当作连续稳定体进行考虑。因此，汽车荷载将等效成约0.5m厚的填土静荷载均布于软土地基之上。然而，实际的工程情况（图5.2）并非如此。下面通过具体的算例，来定量分析在实际工况下软土地基的受力情况。

a) 1号公路钻孔软土芯样

b) 2号公路钻孔软土芯样

图5.1　1号公路、2号公路的路基软土芯样对比图

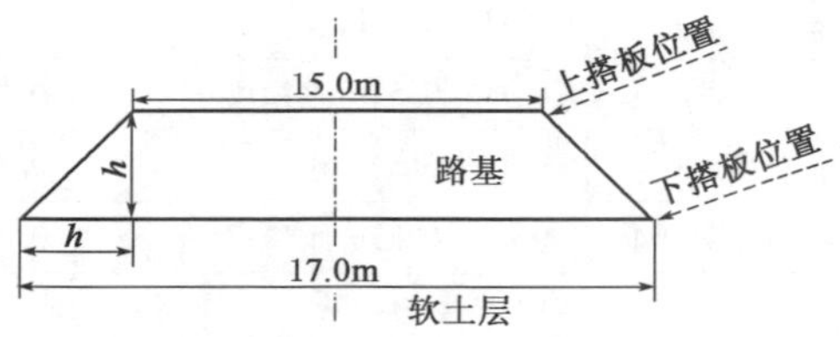

图5.2　公路软土路基受力分析模型

根据《公路工程技术标准》（JTG B01—2014），选取典型汽车参数为车重550kN（约55t），中后轮各4个，着地宽度及长度为0.6m×0.2m，前轮2个，着地宽度及长度为0.3m×0.2m，车辆外形尺寸取15m×2.5m。

宕渣路基材料密度采用2000kg/m^3，石灰土路基密度采用1730kg/m^3，软土地基初始流变应力值取26MPa。

当路基填方高度为1.5m时，软土路基与地基交界面的受力分析如图5.3所示。

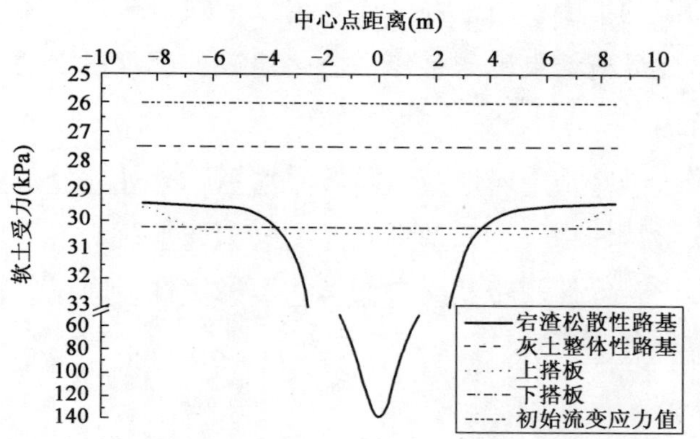

图 5.3　填方高度为 1.5m 时公路软土路基与地基交界面受力图

当路基填方高度为 1.2m 时，软土路基之软土与路基交界面的受力分析如图 5.4 所示。

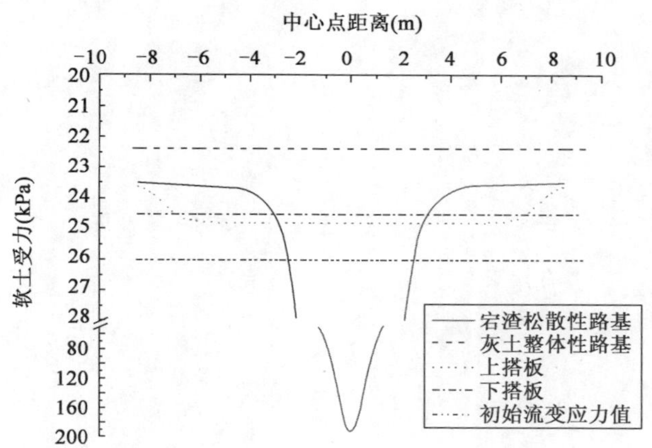

图 5.4　填方高度为 1.2m 时公路软土路基与地基交界面受力图

因此，2 号公路由于路基高度低、相对密度轻（约 30%），路基整体重量轻并具有整体性，基本符合太沙基理论的适用条件，避免了汽车集中动荷载的不利影响，符合公路路基设计受力模型。这是没有路基不均匀沉降现象的根本原因。

根据图 5.3 及图 5.4 计算分析结果可知，将汽车荷载等效成均布荷载，忽略汽车动荷载的集中作用，将对计算结果特别是缺乏整体性的路基产生本质的影响。此分析结果也与多年来公路建设、运营积累的不均匀沉降实际情况相吻合。

根据公路桥头路基整体性与松散性对比试验和计算分析可知：整体性路基的受力变形特性均优于松散性路基的受力变形特性。因此，公路路基设计施工过程中，要控制路基受力变形状态稳定性，确保公路软土路基受力变形状态符合规范要求。

6　公路软土地基强度与流变特性对比试验研究

6.1　1号公路、2号公路软土地基流变特性对比试验分析

在1号公路、2号公路软土地基试样制作过程中，尽量保证土体少受扰动，使室内土样力学性能与实际相一致，如图6.1所示。

a) 1号公路钻孔软土芯样

b) 2号公路钻孔软土芯样

图6.1　1号公路、2号公路室内流变试验土样图

1号公路土样共96个可用试件，2号公路土样共52个可用试件，共计148个。每个试件最短加载时间144h，最长加载时间172h。根据土质情况，采用25kPa、50kPa、100kPa、200kPa或50kPa、100kPa、200kPa、400kPa两种

加载方式。试验初期每隔1h记录一次数据，试验中后期每隔4h记录一次数据。

以1号公路2号孔5号土样（土深5.8m）为例，其流变曲线如图6.2所示。

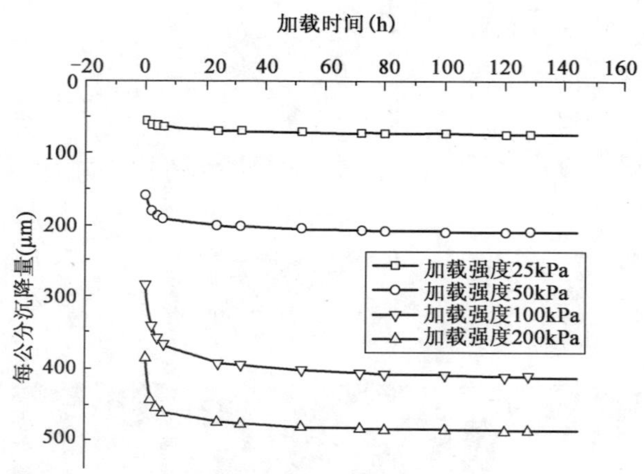

图6.2　1号公路软土流变曲线图（以2号孔5号土样为例，土深5.8m）

由图6.2可知，软土在沉降初期随着时间的增长，沉降量迅速增大，随后增大趋势逐步变小，并趋于稳定状态。纵向观察对比应力水平25kPa、50kPa、100kPa、200kPa时的流变数据可以发现，当应力水平为25kPa时，流变对软土沉降的影响基本可以忽略。而当应力为50kPa、100kPa、200kPa时，流变对软土沉降的影响极大。由此，引出“初始流变应力值”的概念，即当应力水平低于“初始流变应力值”时，流变的影响很小；当应力水平高于“初始流变应力值”时，忽略流变对软土沉降将对结果产生不可忽视的影响。

为了客观比较2号公路与1号公路的软土地基力学特性，除去2号公路软土地基泥炭土层的影响，取加载平均数。同时，由于1号公路软土层比较薄，所以只取深度6.5m以内软土层进行比较。比较结果如表6.1所示。

从表6.1可以发现，1号公路、2号公路软土地基的工程特性总体来说差别在4%以内，对于公路工程基本可以忽略。

除去泥炭土层的影响，2号公路软土地基的最终沉降量略小于1号公路软土地基，但其工后由于流变导致的变形量将会大于1号公路软土地基。尽管如此，得益于2号公路基的整体性好，其路基不均匀沉降反而比1号公路小。因此，研究公路路基不均匀沉降，不仅要研究软土地基的力学特性，还需要研究软土路基的受力变形模式。

1号公路、2号公路软土地基力学特性比较　　表6.1

公　　路	流变沉降值（μm/cm）	初始流变应力值（kPa）
1号公路	11.63	26
2号公路	12.01	23

6.2　公路软土地基强度与流变特性对比试验分析

在力学上，初始流变应力值与强度值是两个完全不同的概念。强度值是指材料在加载过程直至破坏所能够承受的最大应力值，而初始流变应力值是指材料在荷载长期作用下发生明显流变的最小应力值。在实际的应用中，某些材料的初始流变应力值与强度值大小相当，因此通常被混淆使用，特别是对于刚度比较大的工程材料，例如某些硬岩。软土与岩石不同，软土的初始流变应力值与强度值有很大差别。图6.3为软土的初始流变应力值与强度值的直观比较。从图中可以看到，软土初始流变应力值大约为软土强度值的20%。因此，对于软土路基而言，软土地基原状土的初始流变应力值远小于强度值。如果用强度值进行计算分析，将存在极大的误差。

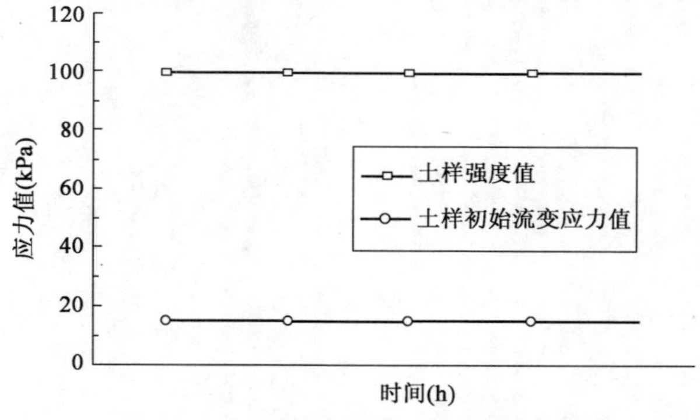

图6.3　淤泥质软土强度与初始流变应力值差别

特别是当软土地基受到高限应力长时间作用时，流变现象特别明显，实际计算分析时应采用流变值而非强度值。

综上所述，软土的强度值与初始流变应力值是两个不同的概念，在进行工程结构平衡稳定计算时，应该区别对待。

7　公路软土路基的基本特征与设计方法

根据前面各章节研究情况，总结出1号公路、2号公路的结构对比结果，如图7.1、表7.1所示。

a) 1号公路的松散性路基状况

b) 2号公路的稳定性路基状况

图7.1　1号公路、2号公路软土路基状况对比

由图7.1和表7.1中1号公路、2号公路的结构比较可知，2号公路与1号公路最大的区别在于路基层。其中，1号公路采用宕渣路基，属于松散性路基，不利于软土地基的受力；相反地，2号公路采用石灰土路基，具

有较高的整体性，均布了集中荷载，控制了软土地基变形。

1号公路、2号公路的结构比较 表7.1

指标＼区域	1号公路	2号公路	结论
路面	约0.15m沥青混凝土	约0.15m沥青混凝土	基本相同
水稳层	0.4~0.6m水稳层	约0.4m水稳层	基本相同
路基	1.5~2.0m宕渣（松散体路基）	1.5~1.7m石灰土（稳定性路基）	明显差别
软土流变特性	11.63μm/cm流变沉降	12.01μm/cm流变沉降	基本相同

总之，治理公路软土路基不均匀沉降不仅需要考虑软土地基特性，还需要考虑路基受力变形模式。其中两个关键点在于：

（1）控制路基受力变形状态稳定性，使集中荷载均匀分布，以降低荷载峰值，避免荷载超过软土地基初始流变应力值而引起不均匀沉降。

（2）路基重量与软土地基承载力的稳定平衡，其中涉及路基重量和软土地基初始流变应力值。具体表现在以下两方面：①提高软土地基强度，即降低软土地基流变变形量；②降低软土地基上部荷载，使地基应力低于软土地基初始流变应力值，从而满足力学控制目标，即上部荷载（包括均布路基荷载与局部交通动荷载）小于软土地基承载力。

根据以上原理可以得知，治理公路软土路基不均匀沉降（含桥头跳车）的具体措施可以分为以下两个步骤。

（1）控制路基受力变形状态稳定性问题：路基可以采用EPS、泡沫混凝土、石灰土路基、增设下隔板、桩基加框格等措施，控制路基受力变形状态稳定性。

（2）软土路基设计方法：

①对软土地基进行流变试验，确定该软土地基的初始流变应力值。

②对软土路基底部应力值进行计算。

③比较与设计：ⓐ如果软土地基初始流变应力值>软土路基底部应力值，则可控制软土路基不均匀沉降。ⓑ如果软土地基初始流变应力值<软

土路基底部应力值，则要采取工程措施，例如轻质路基、桩基加框格等，才能控制公路软土路基不均匀沉降在允许范围之内。

综上，要解决公路软土路基不均匀沉降问题，应根据当地软土地基特性，使其受力控制在软土地基初始流变应力值之内，或者采取相应工程措施加以控制。

例 7.1　公路“桥头跳车”治理软土地基处理技术在设计规范的基础上，关键是控制路基受力变形状态稳定性和纵向过渡性，其中下隔板和桩的纵向过渡长度与桥头路基渐变高度相关，见前文中图 2.3；路基高度为 1～1.5m仅采用下隔板，大于 1.5m 就要采用下隔板和桩过渡（例如：下隔板、灰土、注浆，而泡沫混凝土、EPS 要注意分层稳定性控制和汽车荷载均匀分布结构层控制）。

例 7.2　如图 7.2 所示，搭板在路基顶部，容易产生脱空，并形成“跷跷板”，宕渣松散路基底部变形受软土的流变和形状畸变特征影响，会产生不均匀沉降。路基荷载重分布附加力传力线也不同，一般河边软土较深，路基传力线倾向河边桥台，则路基可能产生持续不均匀沉降或增加桥台推力，这也是桥头跳车和桥台容易损坏的路基受力与变形状态分析。

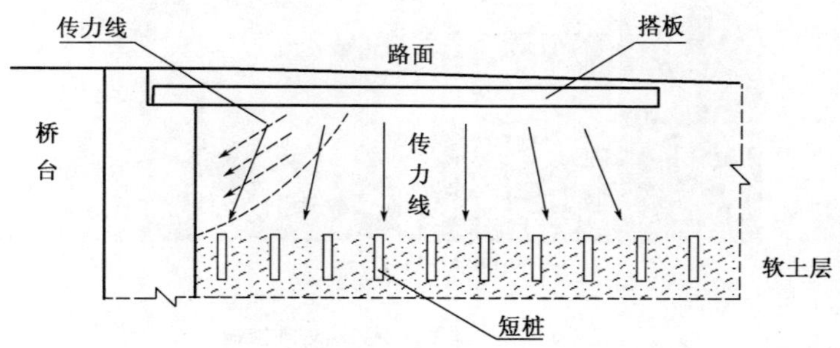

图 7.2　软土地基上层搭板处理后宕渣路基受力与变形状态（搭板处理后力的传递路径）

例 7.3　如图 7.3 所示，搭板在路基底部，宕渣松散路基底部变形不受软土的流变和形状畸变特征影响，路基荷载重分布附加力传力线也一致偏离河边桥台，则路基沉降持续均匀过渡或减少桥台推力，这就是既解决桥头跳车问题又解决桥台推坏问题的路基受力与变形状态分析。犹如抱婴幼儿，抱法不同，婴幼儿受力变形状态就不同，云南或贵州等地大人用背袋搂住婴幼儿屁股、腰、脖子等受压或受弯部位，则婴幼儿受力变形状态整体上处于类似于大人受力变形状态，而与大人运动状态或大人和婴幼儿共同发生的整体位移等无关。可见，既要研究婴幼儿受力变形的自然复杂状态，又要研究婴幼儿的简单合理抱法，使得婴幼儿受力变形的自然复杂状态转换为类似大人受力变形状态，在辅助背袋等工具的帮助下，专业人员、一般人员都能抱婴幼儿，并使婴幼儿受力变形状态始终处于正常状态，这才是简单合理做法。

a) 深层混凝土搭板处治绑扎钢筋

b) EPS轻质块体

图 7.3　软土地基深层搭板处理措施

对于已通车公路，要解决桥头跳车和桥台推坏问题，可参考图 7.3 将搭板设在路基底部；也可以在路基底部注浆，如图 7.4 所示。但是采用如图 7.5 所示的软土路基整体注浆处理方案，则实际费用较高。

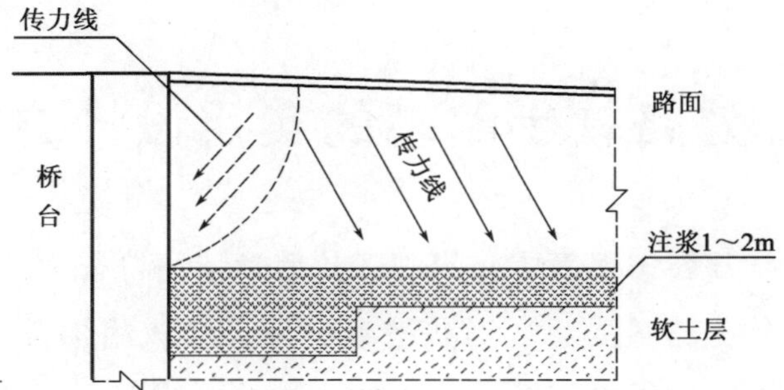

图 7.4　软土路基底部注浆处理后宕渣路基受力与变形状态（路基底部注浆处理后力的传递路径）

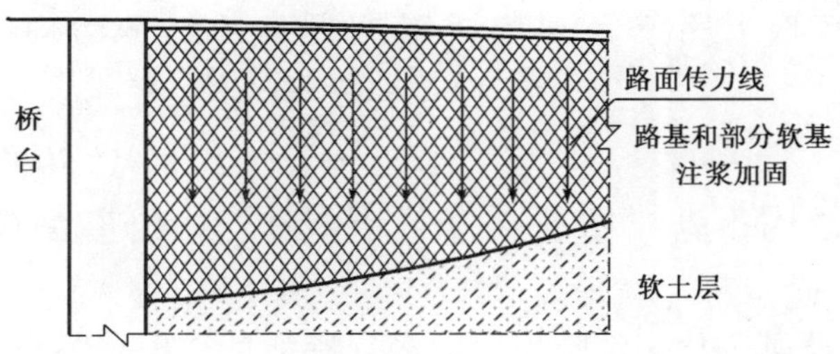

图 7.5　软土路基整体注浆处理后宕渣路基受力与变形状态

8 公路软土路基的实用设计方法

公路软土路基属于平面应变问题，其力学特征符合太沙基理论假定，要求控制公路软土路基受力变形状态稳定性，应该用综合法解决公路软土路基不均匀沉降的影响问题。由于软土结构力学分析结果（特别是变形计算结果）适用性较差，因此，只有采用结构变形协调控制措施，才能解决公路软土路基不均匀沉降问题，尤其是治理“桥头跳车”问题。

8.1 公路软土路基“桥头跳车”治理设计改进技术

公路软土路基不均匀沉降现象较多，特别是“桥头跳车”问题更为突出。而现有公路软土路基之地基处理方法和分析方法也很多，为什么成功案例不多且适用性不广呢？容易忽视的主要原因有两个：

（1）路基连续体与离散体的主要差别在于，离散体可以承受压力，但是基本不承受拉力，也不能承受力矩；而连续体可以承受压力、拉力和力矩。为此，控制路基受力变形状态稳定性很重要。

（2）软土地基具有大孔隙比、高压缩性、高含水率、低渗透性、低强度、强流变性、结构性强、灵敏度高等特点，容易引发路基不均匀沉降现象。为此，控制软土流变引起的不稳定连续沉降量很关键。

事实上，现有公路软土路基力学分析与处理方法都隐含路基变形协调控制假定，即控制路基受力变形状态稳定性，可以承受压力、拉力和力矩。但是实际操作中，往往忽视了控制路基受力变形状态稳定性，例如宕渣路基只能承受压力，不能控制路基不均匀沉降。工程建设人员普遍考虑了软土地基的固结和次固结影响，但是却忽视了控制软土流变引起的不稳定连续沉降量。因此，软土路基不均匀沉降现象较多，特别是“桥头跳车”问题尤为突出。

现有软土路基分析与处理方法存在两个问题：传统软土路基分析理论采用确定性方法（弹簧、黏壶、滑块等）模拟软土地基（颗粒）不确定性移动特性，并且国际上普遍认为软土地基之力计算较准确、变形计算误差较大，与函数关系 $y = f(x)$ 是相矛盾的。虽然理论逻辑严谨，但不符合辩证思维，只有技术上控制软土颗粒规则移动，即简易地控制路基稳定性，软土路基变形计算结果才能在工程允许范围之内。

在总结经验和辩证思考的基础上，围绕控制软土路基受力变形状态稳定性和软土流变引起的不稳定连续沉降量等指标改进软土路基设计。

以 1.5m 高路基为例予以说明（具体内容见本书第 5 章），图 5.3、图 5.4 表明，按照结构变形协调控制方法改进公路软土路基设计方法，在设计规范的基础上，设计中应控制路基受力变形状态稳定性和纵向过渡性，其关键技术是设置控制路基不均匀沉降的底板或框格和纵向过渡性桩基，其中下隔板和桩的纵向过渡长度与桥头路基渐变高度相关；当路基高度为 1～1.5m 时仅采用下隔板，当路基高度大于 1.5m 时就要采用下隔板和桩过渡。例如：下隔板、灰土、注浆，而泡沫混凝土、EPS 要注意分层稳定性控制和汽车荷载均匀分布结构层控制。这样就能够将桥头路基不均匀沉降量控制在工程允许范围内，有效治理公路软土路基“桥头跳车”现象。

针对新建公路软土路基和已建公路软土路基，可以分别采用不同的方法进行处理。

1）新建公路软土路基处理方法

（1）根据路基单位面积重量与软土地基流变初始值比较，若路基单位面积重量大于软土地基流变初始值，则要增设路基底板或框格和打设短桩或纵向过渡性桩基，如前文中图 2.1、图 2.3 所示，才能控制软土路基受力变形状态稳定性和软土流变引起的不稳定连续沉降量；若路基单位面积重量小于软土地基流变初始值，则只需增设路基底板或框格，而不需设短桩或纵向过渡性桩基。

（2）人工整理平整软土地基表面，纵向长6～20m，并向桥外侧路基方向倾斜3°～5°。由于重型机械在整理平整软土地基表面作业时，容易破坏软土地基表层硬壳，因此整理时应尤其注意，否则会适得其反。

（3）在人工整理平整软土地基表面铺设30～50cm厚的砂粒或碎石垫层，作为下步工序作业机械垫层和软土地基表面排水层。

（4）根据上述步骤（1）的需要，沿桥梁边缘软土地基横向打设2排短桩，或从桥梁边缘开始每隔10m在软土地基横向打设1排纵向过渡性桩基，作为路基底板或框格的支撑，以控制软土流变引起的不稳定连续沉降量。

（5）在软土地基表面纵向长6～20m范围已铺设30～50cm厚的砂粒或碎石垫层上面，现浇或放置预制钢筋混凝土底板或框格，作为软土路基受力变形状态稳定性的控制层，真正控制软土路基受力变形状态稳定性和软土流变引起的不稳定连续沉降量，从而达到治理公路软土路基“桥头跳车”现象的目的。

（6）按规范填筑路基和施作路面。

2）已建公路软土路基处理方法

（1）从桥梁边缘开始，整幅路基分层挖除现有路基路面，纵向长6～12m，但保留路肩部分以约束后续填筑轻质材料的侧向变形。挖除路基路面的厚度可根据挖除单车道现有路基路面重量大于换填轻质材料重量加一辆重型车辆荷载之和，并考虑安全系数（1.2～1.5）来确定。

（2）整理平整已挖除路基底层，现浇或放置预制钢筋混凝土底板或框格，作为后续填筑轻质材料均匀受力变形的控制层。

（3）在已现浇或放置预制钢筋混凝土底板或框格上面，现浇或放置预制轻质材料结构层，减轻路基自重以控制软土流变引起的不稳定连续沉降量。

（4）施作增强路面结构层，其目的在于平均重型车辆荷载，共同控制软土路基受力变形状态稳定性和软土流变引起的不稳定连续沉降量，从而有效治理公路软土路基“桥头跳车”现象。

8.2　基于结构变形协调控制的运营公路“桥头跳车”处治技术

公路“桥头跳车”是指营运公路工程中桥梁、涵洞等构造物本身与台背路堤的不均匀沉降差或较大纵坡突变，导致车辆在快速通过路桥交界处时产生颠簸跳跃的现象，如图8.1所示。目前通常采用软土路基灌浆加固、上部增加桥台搭板的方式进行处治，但没有指明影响“桥头跳车”现象的关键环节。几十个软土路基“桥头跳车”治理注浆加固处理现场取芯结果表明，基本没有明确的合理结构承载体系，仅有树根状态浆脉等加密在路基或软土地基中间。

图8.1　公路“桥头跳车”现象

现有营运公路“桥头跳车”处治技术中，并没有指明路基受力变形状态稳定性、软土流变指标等，而这恰恰是影响“桥头跳车”现象的关键环节。为此，有效的处治工艺主要是设置路基承载桩和在路堤底部通过高压灌浆形成一定厚度的加强层，如图8.2所示。由于路堤灌浆加强层具有一定的强度和刚度，可以将上部路堤和车辆荷载向下部传递，形成路堤灌浆加强层、桩、软土共同作用路基承载体系，从而达到路基受力变形状态稳定性要求，有效控制路基的后期继续沉降，保证“桥头跳车”的处治效果。本工艺承载体系受力简图，如图 8.3 所示。

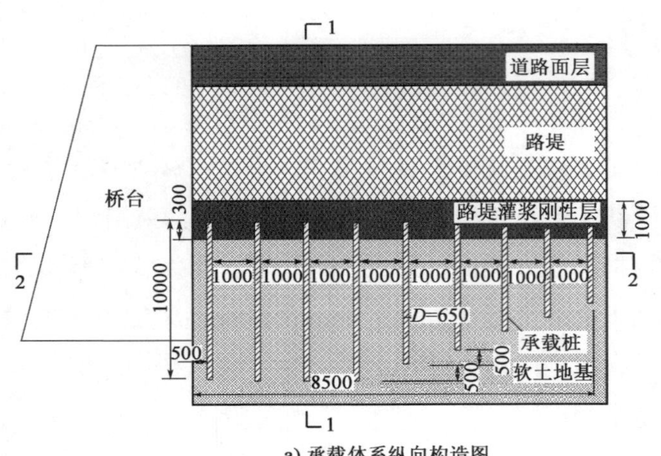

a) 承载体系纵向构造图

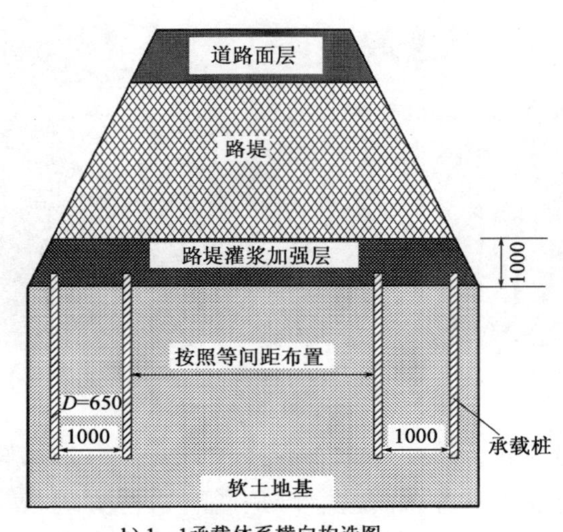

b) 1—1承载体系横向构造图

图 8.2

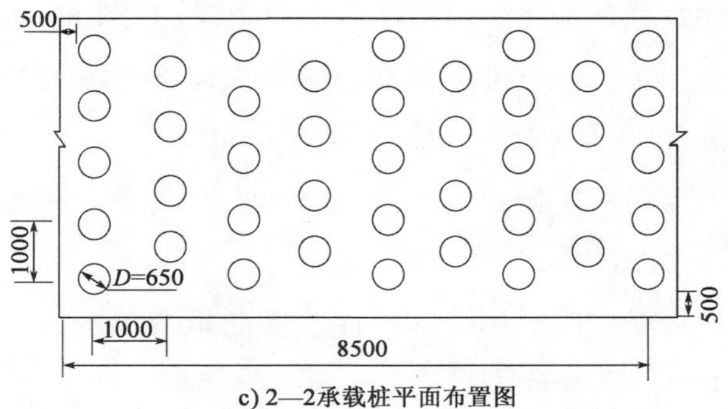

c) 2—2承载桩平面布置图

图 8.2　承载体系构造及平面布置图（尺寸单位：mm）

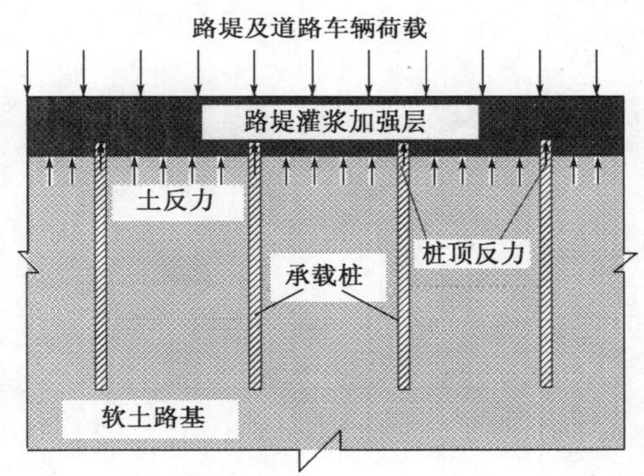

图 8.3　承载体系受力简图

营运公路软土路基“桥头跳车”处治的施工工艺流程具体如下：

1）原有路面拆除

根据路面类型，可以采用路面铣刨机或反铲挖掘机振动炮头进行原有路面拆除。路面拆除废渣清运完成后，即可开始路基承载桩（水泥搅拌桩）的施工。

2）路基承载桩（水泥土搅拌桩）施工

（1）承载桩采用水泥土搅拌桩，施工采用单轴双向水泥土搅拌桩机。

（2）承载桩的布置：

①桩径 650mm。

②呈梅花形布置，桩间纵向及横向中心距离均为1000mm。

③纵向布置9排，第一排承载桩边缘距离桥台边缘为500mm，自桥台边缘到最后一排桩中心线总处置长度为8500mm。

④纵向第1至第4排桩长均采用10000mm。自第5排桩开始，桩长按照500mm逐排依次缩短长度。

⑤承载桩沿路堤横向采用统一长度。横向承载桩的数量根据路基宽度按照1000mm间距计算确定。

⑥承载桩埋入上部路堤灌浆加强层300mm。

（3）水泥土搅拌桩施工：

①搅拌桩及桩基就位。

a. 根据桩位布置图进行现场测量定位。将桩的准确位置测设到路堤上，每一个桩位打一个小木桩，以便桩机对中，保持桩位正确。

b. 桩基按要求就位并对中。

②切土下沉、喷浆。

a. 浆液配制。双向水泥搅拌桩的浆液采用42.5级普通硅酸盐水泥为固化剂，水泥用量为65kg/m^3，水灰比为0.50。搅拌灰浆时，应先加水，然后按掺入水泥，每次灰浆搅拌时间不得少于2min，将水泥浆充分拌匀。水泥浆从灰浆拌和机倒入集料斗时，必须经过过滤筛，把水泥硬块剔出。集料斗的容量不小于一根桩需要的水泥浆用量，以保证不会因浆液供应不足而断桩，同时集料斗不宜过大，避免因浆液过多产生沉淀而引起浆液浓度不足。

b. 浆液输送。水泥浆由挤压式灰浆泵压入内径为ϕ32的胶管并送到双向水泥搅拌桩机的钻杆内，最后从内钻杆的出浆口喷射入土体内；泵压通过安装在灰浆泵上的压力表控制，喷浆时灰浆泵的泵压控制在0.25～0.4MPa。

c. 切土下沉。启动搅拌机，使搅拌机沿导向架向下切土，同时开启灰浆泵向土体喷射水泥浆，两组叶片同时正、反向旋转切割、搅拌土体，直至设计深度，在桩底持续喷浆搅拌不少于15s。下钻时内、外钻杆转速不小于50r/min，钻杆下钻速度控制在0.5～0.8m/min。

③搅拌提升。

a. 关闭灰浆泵，提升搅拌机，两组叶片同时正反向旋转搅拌水泥土，直至路堤上表面。

b. 提升过程中需严格控制提钻速度，将已喷浆的水泥土进一步搅拌均匀，提升时内、外钻杆转速不小于50r/min，钻杆提升速度控制在0.7～1.0m/min。

④装机移动至下一桩位。

3）路堤灌浆加强层施工

（1）采用单管高压旋喷方法，对路堤底部1m范围内的填料进行固化处理，在路堤底部形成1m厚的路堤加强层，其目的是将上部荷载均匀传递至承载桩和软土路基上。

（2）采用直径为700mm、中心间距为600mm的单管法高压旋喷桩相互咬合，形成具有稳定性的路堤加强层，加强层厚度为1m。旋喷桩布置与施工走向图如图8.4所示。

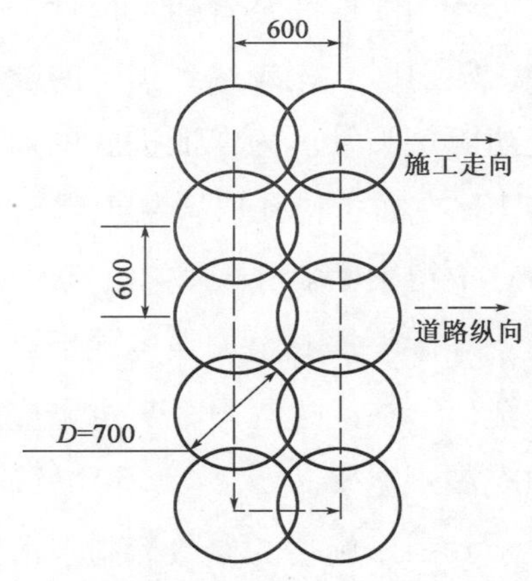

图8.4　旋喷桩布置与施工走向图

（尺寸单位：mm）

（3）路面范围内的高压旋喷施工在路基顶部进行；而超出路面范围的部分，要在路基边坡上搭设施工平台进行。

（4）单管高压旋喷施工主要机械有：锚杆钻机（MGJ-50），灰浆泵（XPB-90kW），灰浆搅拌机（2.2kW）。

（5）单管高压旋喷方法主要施工流程如下：

①钻机就位。

根据设计桩机施工走向及桩位，使桩机移动就位。钻机就位后，对桩基进行调平、对中，调整桩机的垂直度，保证钻杆与桩位一致。偏差应在10mm以内，钻孔垂直度误差小于0.3%。钻孔前应调试空压机、泥浆泵，使设备运转正常。

②引孔钻进。

在钻孔机械试运转正常后，开始引孔钻进。钻孔过程中要详细记录钻杆节数，确保钻孔深度。

③拔出钻杆、插入注浆管。

钻进引孔至设计深度后，拔出钻杆，并换上喷射注浆管插入至预定深度。

④当喷射注浆管插入设计深度后，接通泥浆泵，然后自下而上进行旋喷。喷射时，先应达到预定的喷射压力，喷浆后再注浆提升旋喷管，以防止扭断旋喷管。为保证桩底的质量，喷嘴下沉到设计深度时，在原位置旋转10s左右，待孔口冒浆正常后再旋喷提升。钻杆的旋转和提升应连续进行，不得中断。

⑤旋喷提升至加强层顶部高程时，停止旋转喷浆管，缓缓提升喷浆管出孔口。在此过程中，灰浆泵应继续向孔内注浆，以确保加强层以上钻孔内充满水泥浆。

⑥高压旋喷的参数控制。水泥浆水灰比：1∶1（采用42.5级普通硅酸盐水泥）；注浆压力：大于20MPa；喷浆管提升速度：20～28cm/min；喷浆管旋转速度：20～25r/min；水泥用量：不小于210kg/m^3。

4）路堤修复及路面施工

（1）路堤填筑体扰动处理

在承载桩和刚性层灌浆施工过程中，搅拌桩机下沉和提升时会对桩径范围内路堤产生搅拌扰动，破坏路堤填料原有密实度。同时，刚性层灌浆施工过程中，钻孔机械也会对路堤填筑料产生扰动，并留下钻孔。为此，在施工过程中，要对路堤扰动部分进行处理。

①水泥土搅拌桩施工时，在承载桩顶高程以上路堤部分，搅拌机下沉

和提升过程中只搅拌，不注浆。

②刚性层灌浆施工时，在搅拌桩桩位设计灌浆孔，在刚性层灌浆完成后，对刚性层以上搅拌桩机扰动路堤部分进行注浆加固，注浆按照刚性层注浆同等要求进行。

③对于刚性层以上路堤部分高压灌浆时留下的钻孔，在刚性层灌浆完成，提升注浆管的过程中，对钻孔进行无压注浆，使钻孔内充满水泥浆，凝固后形成水泥填充体。

通过上述处理方法，在确保路堤扰动部分得到可靠处理的同时，对路堤结构也有整体加强的作用。

（2）道路面层施工

按照设计要求进行道路面层施工。

8.3　公路软土路基不均匀沉降的控制方法

现有公路软土路基不均匀沉降问题较为突出，特别是土石混合填筑路基，表现为路面纵向横向开裂；但灰土路基、土石混合路基后期注浆等稳定性路基，路面纵向横向开裂现象就很少。公路软土路基不均匀沉降的核心问题就是控制路基受力变形状态稳定性问题。若较经济地解决沿海山多地少、宕渣丰富地区新建公路路基受力变形状态稳定性控制问题，就可避免路面纵向横向开裂病害反复出现的问题，既节约建设资金，又节约养护资金，一举多得。

针对现有新建土石混合填筑的宕渣路基没有采用有效控制路基受力变形状态稳定性问题，解决方法是在路基底层与软土地基顶层之间，采用框架等措施控制新建土石混合填筑的宕渣路基受力变形状态稳定性，以避免路面出现纵向横向开裂病害。

控制公路软土路基不均匀沉降的方法如下：

（1）根据软土特性和相关规范要求，设置 ϕ50cm 水泥搅拌桩，长度为

0～8.0m（水泥搅拌桩的长度为0m，所述的钢筋混凝土框架直接设置于软土地基的硬壳层上），平面布置呈2.0m×2.0m矩形阵列，如图8.5、图8.6所示。

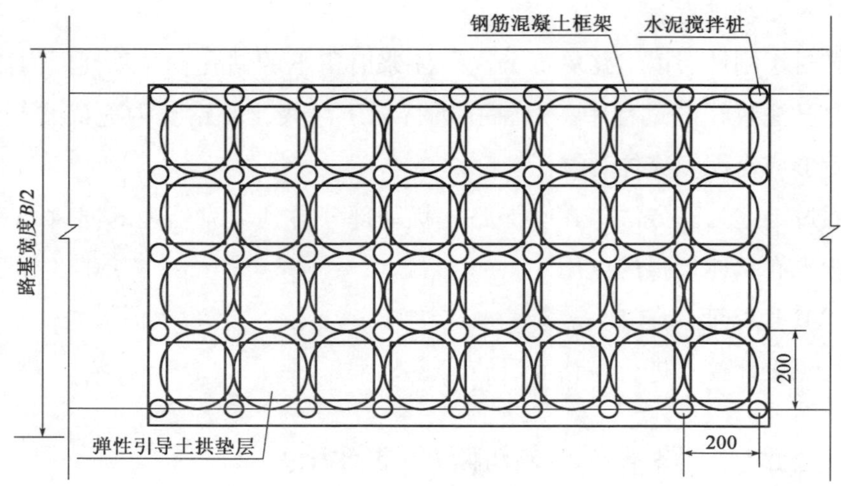

图8.5 公路软土路基处理平面布置图（尺寸单位：cm）

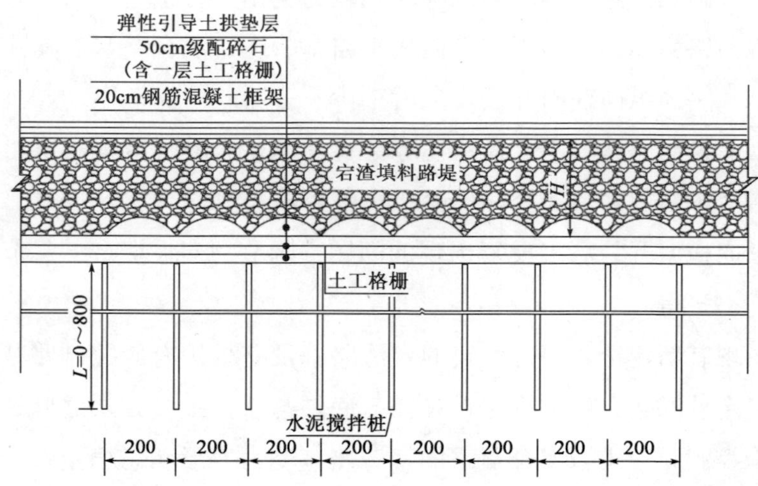

图8.6 公路软土路基处理纵断面布置图（尺寸单位：cm）

（2）根据路基高度和相关规范要求，整理平整地基，按照公路的平面布置要求，沿路基延伸方向开挖具有呈矩形阵列排布的框格的土槽，土槽深20cm、宽50cm，在土槽中现浇高20cm、宽50cm的框格梁，并养护24d；钢筋混凝土框架中框格尺寸为2.0m×2.0m。最终形成每段长20m的钢筋混凝土框架，框格与水泥搅拌桩对应，每个框格顶点下部均打设有水泥搅拌桩。

（3）在钢筋混凝土框架上面铺设一层土工格栅。

（4）在每个框格上方的土工格栅上放置一个呈球缺形状的弹性引导土拱垫层，并与土工栅格进行固定，如图8.7、图8.8所示。弹性引导土拱垫层底面直径2m，高0.3~0.5m，材料为硬质泡沫材料。弹性引导土拱垫层与框格的中心位于同一垂线上，且弹性引导土拱垫层的底面圆与框格的四条梁中心线相切，使弹性引导土拱垫层的底面外沿支承于框格梁。

（5）在土工格栅和弹性引导土拱垫层上面铺筑50cm级配碎石。

（6）按照规范要求，每50cm一层，分层填筑宕渣路基至设计高度。

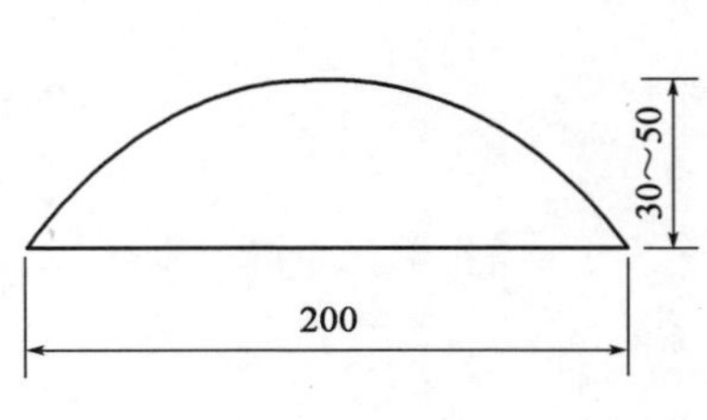

图8.7　公路软土路基弹性引导土拱垫层立面图（尺寸单位：cm）

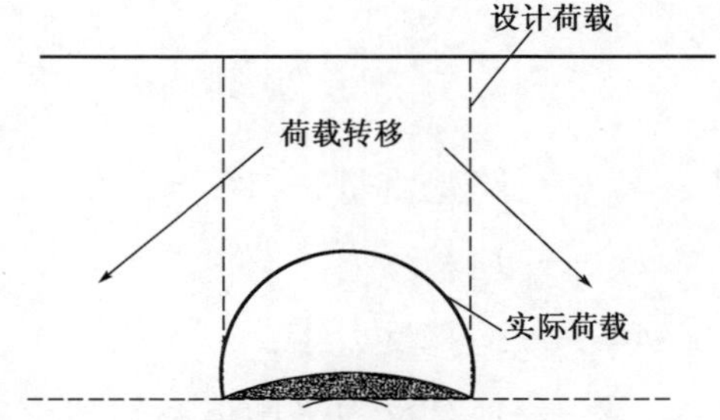

图8.8　公路软土路基弹性引导土拱垫层转移荷载示意图

8.4　公路软土路基侧向滑移处理的反力平衡体系设计施工方法

公路软土路基不均匀沉降现象较多，特别是在临近山边水边软土地基特性相对差的路段，软土路基发生侧向滑移问题更为突出，如前文中图1.1c)所示。

当前软土路基的地基处理方法和分析方法很多，为什么成功案例适用性不广呢？容易忽视的两个原因是：

（1）路基连续体与离散体的主要差别在于离散体可以承受压力，但是基本不承受拉力，也不能承受力矩；而连续体可以承受压力、拉力和力矩。控制路基受力变形状态稳定性可以提供抵抗路基侧向滑移的反力平衡体系基底。

（2）软土路基的地基软土具有大孔隙比、高压缩性等特点，容易引发软土路基发生侧向滑移现象。控制软土地基反力平衡系统反力矩很关键。

传统软土路基分析理论忽视了控制软土地基反力平衡系统，只有简易地控制软土路基受力变形状态稳定性和提供反力矩，才能抵抗软土路基侧向滑移。在总结经验和辩证思考的基础上，围绕控制软土路基受力变形状态稳定性和提供反力矩等指标改进软土路基设计。

如图 8.9 所示，对于整体性或有底板路基，其平衡体系和反力平衡体系方程如下：

$$F_G = F_M \tag{8.1}$$

$$M_F = F_M \times e \tag{8.2}$$

式中：F_G——路基重量；

F_M——地基反力；

M_F——地基反力矩；

e——地基反力平衡体系的理论反力距。

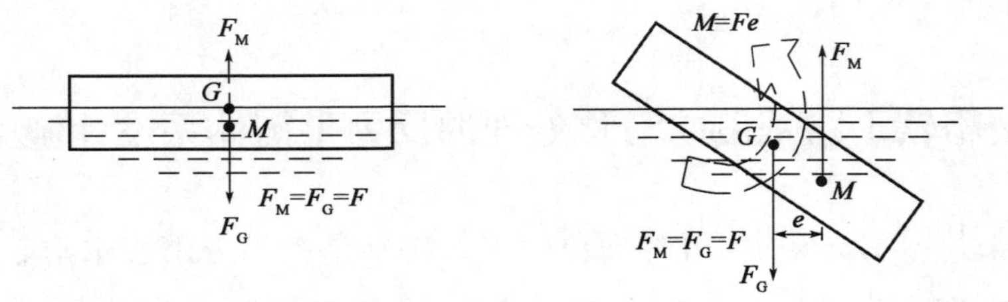

图 8.9　控制软土地基反力平衡系统反力矩处置措施受力分析图

由式（8.1）、式（8.2）与图 8.9 表明，按照结构变形协调控制方法改进软土路基设计方法，设计中控制路基受力变形状态稳定性和横向抵抗性，其关键技术是设置控制路基不均匀沉降的底板或框格和横向抵抗桩基，构建控制软土地基反力平衡系统，从而达到治理公路软土路基侧向滑移现象的目的。

因此，为防治公路软土路基出现侧向滑移，针对新建山边软土路基和水边软土路基，可采用下列不同施工方法：

1）新建山边公路软土路基

（1）根据公式（8.2）定性分析山边公路软土路基设置横向抵抗桩的范围；再按软土路基设计规范设置路基底板或框格和打设横向抵抗桩基，以提供抵抗公路软土路基侧向滑移的反力平衡体系。

（2）人工整理平整软土地基表面，重型机械在整理平整软土地基表面作业时，容易破坏软土地基表层硬壳，整理时应特别注意；否则会适得其反。

（3）在人工整理平整软土地基表面铺设 50cm 厚的砂粒或碎石垫层，作为下步工序作业机械垫层和软土地基表面排水层。

（4）根据上述步骤（1）的需要，软土地基按设计要求打设横向抵抗桩基，一般为 ϕ100cm 的钢筋混凝土桩，横向、纵向呈 2m×10m 的矩形布置；桩基打穿软土层进入持力层。这样既可加固软土地基，又能够提供形成反力矩的被动抵抗力，如图 8.10 所示。

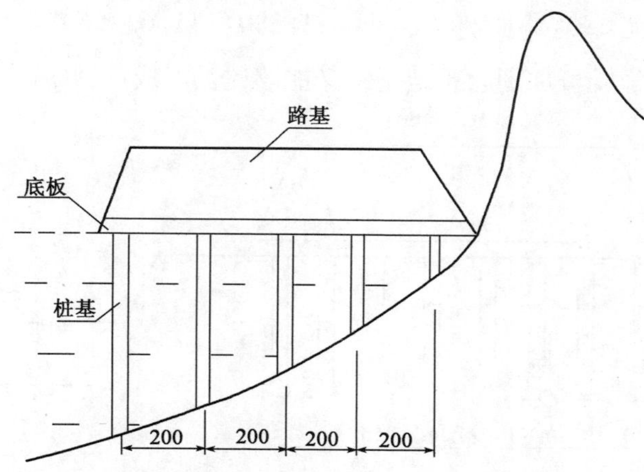

图 8.10　控制山边软土路基侧向滑移的底板或框格和横向抵抗桩的结构图（尺寸单位：cm）

（5）在软土地基表面已铺设50cm厚的砂粒或碎石垫层上面，按设计要求现浇或放置预制钢筋混凝土底板或框格，作为软土路基受力变形状态稳定性的控制层，与桩基结合真正形成抵抗公路软土路基侧向滑移的反力平衡体系，从而治理公路软土路基侧向滑移现象。

（6）按规范填筑路基和施作路面。

2）新建水边公路软土路基

（1）根据公式（8.2）定性分析水边软土路基设置横向抵抗桩的范围；再按软土路基设计规范设置路基底板或框格和打设横向抵抗桩基，提供抵抗公路软土路基侧向滑移的反力平衡体系。

（2）人工整理平整软土地基表面，平整时注意不要破坏软土地基表层的硬壳。

（3）在人工整理平整软土地基表面铺设50cm厚的砂粒或碎石垫层，作为下步工序作业机械垫层和软土地基表面排水层。

（4）根据上述步骤（1）的需要，软土地基按设计要求打设横向抵抗桩基，一般为ϕ16cm的单壁螺纹波纹管内填泡沫混凝土。其工艺为：先用跟进钢管压入波纹管，再填筑泡沫混凝土，呈1.0m×1.0m或1.5m×1.5m的梅花形布置，桩基长度为6～10m，如图8.11所示。泡沫混凝土配合比为：泡沫粒:砂:水泥:水:外加剂=14.6:562:280:146:6.0（其重度=水重度=10kN/m^3）。这样既可加固软土地基，又能够提供形成反力矩的主动抵抗力。

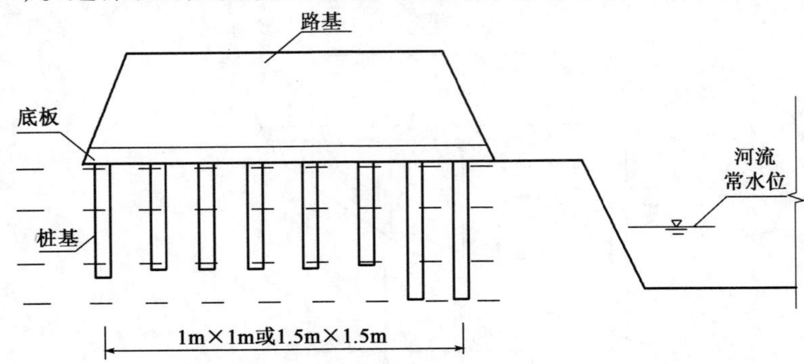

图8.11　控制水边软土路基侧向滑移的底板或框格和横向抵抗桩的结构图

（5）在软土地基表面已铺设50cm厚砂粒或碎石垫层上面，按设计要求现浇或放置预制钢筋混凝土底板或框格，作为软土路基受力变形状态稳定性的控制层，与桩基结合真正形成抵抗公路软土路基侧向滑移的反力平衡体系，达到治理公路软土路基侧向滑移现象的目的。

（6）按规范填筑路基和施作路面。

8.5　公路掺灰土路基施工方法

1）一般规定

（1）石灰应符合Ⅲ级以上标准，宜采用磨细生石灰粉，块灰在使用前7～10d充分消解，消石灰存放时间宜控制在2个月以内，存放期间应采取切实可行的防雨措施。

（2）施工前，填料应进行相关试验，确定填料的最佳含水率，这一点很重要。试验方法按《公路土工试验规程》（JTG E40—2007）执行。进行混合料的击实试验时，所使用的石灰应与工地所使用的石灰相同。

（3）石灰和土的用量应按设计要求控制准确，并拌和均匀，路拌深度应达到层底。未消解的生石灰块应剔除。

（4）填料原状土含水率过大或为黏性土时，应考虑二次掺灰工艺，（第一次）在取土坑掺2%～7%的生石灰，（第二次）上路后路拌掺消石灰。当原状土的含水率在最佳含水率为3%～5%的范围时，宜采用路拌一次掺灰的施工工艺。

2）施工工艺流程

公路掺灰土路基施工工艺流程如图8.12所示。

3）施工要点

（1）根据土的不同含水率或土质确定采用一次或二次掺灰工艺。一次掺灰工艺的填料土，可在取土坑直接取土。采取二次掺灰工艺时，第一次在取土坑用挖机将掺灰土料挖起堆放“闷灰”3d，闷料过程中应每天对闷料进行翻拌，取土坑掺灰应搅拌均匀。

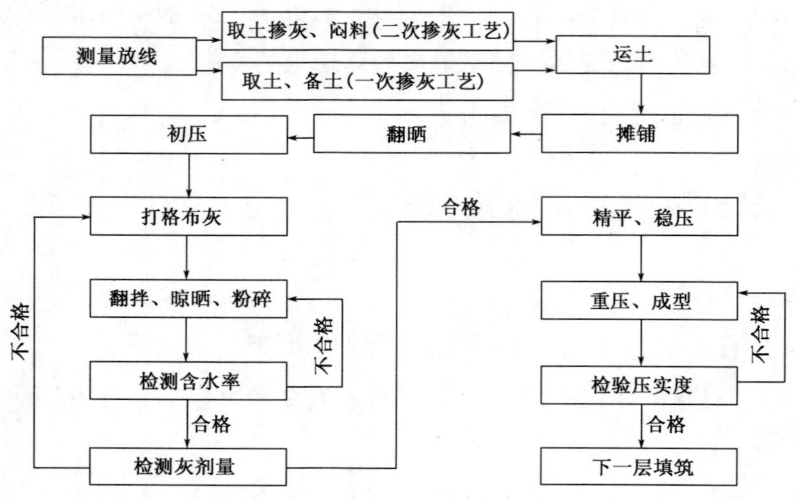

图 8.12　公路掺灰土路基施工工艺流程图

（2）根据自卸车容量计算堆土间距，并在下承层上打网格，将取自取土坑的素土或第一次掺灰“砂化”土卸下，按松铺厚度使用推土机将土摊铺均匀。

（3）用铧犁连续翻拌以降低土的含水率，当现场摊铺土的含水率降至最佳含水率为 3% ~5% 的范围时，宜先用轻型压路机将填土压平，并在地面上打设方格，方格面积以每个方格内堆放一车消石灰进行控制，随后再用推土机或人工将石灰摊平。

（4）采用稳定土拌和机对灰土进行拌和与粉碎，至少两遍。拌和应深入至下承层面 5 ~ 10mm，不得出现素土夹层。过筛检测现场土颗粒大小，控制标准为：大于 5cm 的颗粒含量应低于 5%，大于 2cm 的颗粒含量应低于 20%；对于含有较多结核的土料，大于 2cm 的颗粒含量要求低于 30%。

（5）土块粉碎后，应及时进行灰剂量和含水率测试。检测灰剂量合格标准为：所有检测点的灰剂量≥设计灰剂量 -1%。若灰剂量偏低，应立即补灰并再使用稳定土拌和机拌和一遍；若含水率偏高，可使用铧犁连续翻拌，加快降低土的含水率。

（6）若路铺填土的含水率处于最佳含水率或略小于最佳含水率（1% ~ 2%）的范围内，检测的灰剂量都满足要求后，使用轻型压路机或履带式推土机稳定压一遍，再使用平地机进行整平、整型，经检查达到规定高程后进行碾压。

（7）采用振动压路机和三轮压路机从两边向中间进行碾压，一般先稳压，后用振动压路机压两遍，然后用三轮压路机连续碾压至规定的压实度。碾压应连续进行，中途不得停顿，压路机数量应满足压实需要，以减少碾压成型时间，每层碾压时间不能超过 1d。碾压过程中应行走顺直，低速行驶，桥头处 10m 范围内应采用横向碾压。

另外注意，养生期应保持一定的湿度，不应过湿或忽干忽湿。

公路软土路基改进设计工程建设实践

9　嘉兴市公路掺灰土路基建设实践

9.1　公路宕渣与掺灰土路基应用中的主要区别

（1）宕渣施工控制很难达到要求，容易引起道路使用后期的不均匀沉降；掺灰土颗粒均匀，施工后能形成板体结构。

（2）宕渣水稳定性差，水极易渗入路基产生不利影响；掺灰土水稳定性好，形成板体结构具有一定的隔水性。

（3）宕渣开采严重破坏了当地的生态环境，从2013年开始政府大量关停石矿，造成宕渣供应短缺；掺灰土在浙江平原地区容易取得，在钱塘江吹填、运河疏浚、建设高架桥梁钻孔带出的废土均可利用。

嘉兴市公路宕渣路基与灰土路基对比见表9.1。

嘉兴市公路宕渣路基与灰土路基对比　　表9.1

比较内容	宕　渣	掺 灰 土
材料来源	需开山，主要从外地运输过来。矿区关停加剧趋势，加剧了采购，受雨季和台风影响，船只进出困难	就地取材，特别是城市改造背景下取土方便，也为后续航道土方的消纳提供渠道
环保影响	山体受损，环境破坏	有利于城市开发土方的处置，减少堆放对土地的影响；有利于对江河的淤泥处理
压实度	不稳定，不均匀	稳定、均匀
强度	离异大，不均匀	离异小、均匀
水稳定性	路基空隙大、透水，运行期间路基长期有水的存在	路基空隙小，处于封闭状态，不透水
后续运行	不稳定，沉降变形大	稳定，沉降变形小
造价	受季节和矿区关停影响，原材料价格波动大，上涨是总趋势	相对稳定，造价可控，且不高于宕渣
气候影响	施工受天气影响较小	受雨季影响较大，进度有一定影响

9.2　公路石灰土路基在嘉兴与桐乡的应用

（1）嘉兴市桥头路基应用石灰土案例的启示

由嘉兴市航道建设公司作为业主建设的320国道南郊河某桥，为一级公路，位于嘉兴马家浜附近，由苏州市政工程设计院设计。

工程共涉及接线（匝道）10条，石灰土路基填筑约12万m^3，根据不同路段的设计要求，施工中分别采用了4%、6%、8%掺量的石灰土进行填筑，4%的石灰土用于填方段路槽底与垫层之间以及人行道路基和基层，每层最大压实厚度不超过20cm；6%的石灰土用于软基搅拌桩顶翻挖30cm后施工的垫层，分两层施工；8%的石灰土用于填方段路槽80cm范围内，共分五层施工，每压实层16cm。为避免在不利季节和雨季施工，路基于2006年5月至2007年5月施工，气温不低于5℃并在冰冻来临前一个月停止施工，以防止灰土表层受冻。

该段石灰土路基通车7年后，应用效果明显好于同条公路的其余部分宕渣路基，这对我们有很好的启示。

（2）桐乡公路石灰土路基试点

为了系统研究公路建设中使用石灰稳定土填筑路基的效果，目前主要开展的两项工作是：一是针对嘉兴地区的土质特点，确定石灰土路基的配合比、施工机械、控制指标、质量检测等各项施工工艺，该项工作已取得阶段性成果；从2013年下半年开始，陆续在桐乡市桐九线、海宁市S203省道成功应用石灰土路基，效果显著，有效提高了路基稳定性。二是结合嘉兴钢铁厂产生的钢渣（钢渣是一种介于石灰和粉煤灰之间的轻质材料），研究钢渣和石灰复合改性土体，通过综合利用，可解决现在钢渣占有大量农田和土地，造成了环境污染的难题。目前，嘉兴公路部门已与东南大学合作对钢渣材料分析等方面进行了试验，室内试验已得到证实，下一阶段将在桐乡开展试验路段的铺设。

2013 年 12 月 13 日，浙江省公路管理局在桐乡召开了石灰稳定土路基施工技术交流会，成效显著，为石灰稳定土路基的进一步推广应用指明了方向，嘉兴公路部门将继续开展相关研究，不断完善该技术的适用性和科学性，为大规模推广使用该技术打好基础。

9.3　公路掺灰土路基在海宁 S203 省道的应用

1）项目概况

S203 省道在海宁境内全长 33km，一期（湖盐公路至 01 省道段）11km 于 2010 年底建成，二期（海宁马桥至尖山）19.7km 改建工程于 2013 年 9 月开工。该省道按一级公路双向四车道设计，路基宽 24.5m，桥梁按六车道设计。

2）背景及意义

（1）宕渣原材料采购困难。S203 省道二期工程自 2013 年 9 月正式开工以来，原设计全线路基均采用宕渣填筑，而受当前石料厂关停的加剧，尽管尖山有山但不能开采，海宁既有石料厂全部停产，原材料采购极为困难，基本处于停工待料状态。

（2）现场有土但不能利用。S203 省道南段右侧近 7km 为钱塘江围垦用地，均为通过吹填的办法形成的，取土方便，但该土质为流塑状态粉质土，《公路路基施工技术规范》（JTG F10—2006）（以下简称《规范》）规定：粉质土不宜直接填筑于路床，不得直接填筑于浸水部分的路基及冰冻地区的路床。能否通过技术处理将该粉质土作为路基填料呢？如果成功的话，将为钱塘江沿线的地区提供取之不尽的筑路材料，既节能减排，也为工程的进度提供了保障。

（3）江苏省张家港考察的启示。张家港土质与钱塘江的土质差不多，只是黏性略大一点，江苏的做法是就地取材，对现状土掺加 5% ~8% 的石灰，对土进行稳定；掺加 12% 石灰用作路面底基层，来替换路面水泥稳定碎石底基层，而且质量好（图 9.1、图 9.2）。

图 9.1 张家港路基基底现状

a)

b)

图 9.2 掺灰处理后的路基

综上，在充分听取各方意见的基础上，最终研究决定选定三段试验路段，通过不同的试验方案，确定实际效果，以期达到满足填筑路基材料的性能要求。

3）试验方案

S203 省道改建工程路基土质主要为黏土和粉土（钱塘江吹填上来的土）两大类。其中，黏土的含水率低、塑性指数大、难压实；而粉土含水率高、塑性指数小、易冲刷不稳定。这两类土如不予以处理，CBR、压实度、稳定性都不能满足《规范》的要求，所以在浙江以往的公路路基中几乎没有被采用。

黏土和粉土中含有SiO_2、SO_4^{2-}等成分，通过掺加石灰、水泥，使其有效成分CaO、$Ca(OH)_2$与空气中的CO_2发生化学反应，生成硅酸钙凝胶、$CaCO_3$、$CaSiO_2$、$CaSO_4$。其结果：一是提高了密实度，二是减少了气、液态孔隙，三是切断了毛细孔，四是提高了整体强度。

通过三个试验路段的掺生石灰试验（5%、6%、8%、10%），对土质进行改良，通过压实度、CBR、弯沉三大指标的现场检测，来检验改良性能是否能符合《规范》中的具体指标要求。

（1）土样现场理性指标检测情况

试验路段土样的物理力学指标见表9.2、表9.3。

试验路段土样物理力学指标（一）　　表9.2

路段	岩土性质	天然含水率（%）	天然湿密度（g/cm^3）	天然孔隙比	液限（%）	塑限（%）
一	粉质黏土	28.4	1.83	0.998	37.2	24.4
二	粉质黏土	29.3	1.85	0.982	36.8	22.3
三	砂质粉土	37.9	1.89	0.82	26.7	19.5
	黏质粉土	39.2	1.87	0.865	28.7	20.6

试验路段土样物理力学指标（二）　　表9.3

路段	岩土性质	塑性指数	液性指数	黏聚力（kPa）	内摩擦角（°）
一	粉质黏土	15.2	0.76	27	8.8
二	粉质黏土	16.5	0.83	37	15.5
三	砂质粉土	6.2	1.17	6	27.1
	黏质粉土	8.1	1.06	8	28.6

（2）压实度设计指标要求

试验路段的压实度设计指标要求见表9.4、表9.5。

（3）CBR和路基顶面弯沉指标要求

试验路段的CBR和路基顶面弯沉指标要求见表9.6。

黏土路段压实度设计指标要求　　表 9.4

至路床顶面距离（cm）	压实度（%）	备　注
0 ~ 80	≥96	0 ~ 30cm 灰量 8%，横坡 2%
		30 ~ 60cm 灰量 6%，横坡 3%
		60 ~ 80cm 灰量 6%，横坡 3%
80 ~ 95	≥94	80 ~ 95cm 灰量 5%，横坡 3%
95 ~ 110	≥90	95 ~ 110cm 灰量 5%，横坡 3%
以下部分	≥87	灰量 5%，横坡 3%

粉质土路段压实度设计指标要求　　表 9.5

至路床顶面距离（cm）	压实度（%）	备　注
0 ~ 80	≥96	0 ~ 30cm 灰量 10%，横坡 2%
		30 ~ 60cm 灰量 8%，横坡 3%
		60 ~ 80cm 灰量 8%，横坡 3%
80 ~ 95	≥94	80 ~ 95cm 灰量 6%，横坡 3%
95 ~ 120	≥90	95 ~ 110cm 灰量 6%，横坡 3%
以下部分	≥87	灰量 6%，横坡 3%

CBR 和路基顶面弯沉指标要求　　表 9.6

填料应用部位（cm）	填料最小强度 CBR（%）	顶面弯沉（0.01mm）
0 ~ 30	8	不大于 266
30 ~ 80	5	
80 以下	4	不大于 331

（4）石灰的质量要求

应使用符合规定技术指标的Ⅲ级及以上的生石灰，其有效 CaO 和 MgO 的含量应大于 70%，细度大于 80%。

（5）试验取得的成果

该试验路段的试验成果见表 9.7 ~ 表 9.13。

经各类数据（CBR、压实度、稳定性）检测分析，认为通过掺灰对土质改良具有较好的效果，特别是黏土材质有明显改善，基底压实度、整体强度、水稳定性均有明显提高（现场照片如图 9.3 ~ 图 9.6 所示）。因此，现有土质通过掺一定比例的生石灰后，能够作为路基填料用。

室内黏土路基最佳含水率和压实度试验数据汇总表 表 9.7

掺 灰 量	最佳含水率（%）	最大干密度（g/cm^3）	备 注
5% 石灰	14.90	1.644	
6% 石灰	14.70	1.637	

室内粉土段最佳含水率和压实度试验数据汇总表 表 9.8

掺 灰 量	最佳含水率（%）	最大干密度（g/cm^3）	备 注
5% 石灰	13.00	1.476	路槽 1m 取土
6% 石灰	12.50	1.538	路槽 0.8m 取土
8% 石灰	15.40	1.579	路槽 0.5m 取土
10% 石灰	14.80	1.631	路槽 0.3m 取土

各路段掺灰后室内 CBR 检测数据表（单位:%） 表 9.9

路 段	土质情况	5% 石灰	6% 石灰	8% 石灰
一	粉质黏土	10.0	12.6	
二	粉质黏土	10.0	12.6	
三	砂质粉土	5.0	10.5	12.1

各路段掺灰后压实度检查汇总表 表 9.10

路段	土质情况	5% 石灰		6% 石灰		8% 石灰	
		点数	压实度（%）	点数	压实度（%）	点数	压实度（%）
一	粉质黏土	16	91.2	8	97.3		
二	粉质黏土	24	90.7	8	97.2		
三	砂质粉土			53	90.7	62	96.7

各路段掺灰后弯沉检查汇总表 表 9.11

路段	土质情况	层数	点数	平均值（0.01mm）	代表值（0.01mm）
一	粉质黏土				
二	粉质黏土				
三	砂质粉土	3	32	223.78	270.02

粉土路基无侧限强度（室内）检测汇总表（单位：MPa） 表9.12

掺 灰 量	7d	14d	21d	28d
6%石灰	0.07	0.26	0.30	0.32
8%石灰	0.13	0.28	0.36	0.41
3%石灰+3%水泥	0.41	0.67	0.8	0.86
3%石灰+5%水泥	0.65	0.85	1.14	1.22

粉土CBR检测数据表（单位:%） 表9.13

掺 灰 比	CBR	掺 灰 比	CBR
3%水泥+3%石灰	28	5%水泥+5%石灰	42
4%水泥+4%石灰	34		

a)

b)

图9.3 粉土段基底开挖后现状

a)

b)

图 9.4　粉土路基掺灰处理后压实效果图

a)

b)

图 9.5　黏土掺灰、闷料、第一次翻晒后土质变化

a)

b)

图 9.6　黏土路段摊铺、拌和、碾压后整体效果

4）综合分析

（1）通过对黏土段、粉土段现状土进行掺石灰处理后的路基进行检测发现灰土填料最小强度 CBR、路基压实度指标均能达到《规范》要求；而与宕渣路基相比较，明显感觉要好于宕渣路基，且整体强度随着时间的增长而增大。

（2）针对海宁的土质，对不同的土质采用掺灰技术处理，达到路用性能是可行的。这对解决当前宕渣材料严重不足，工程推进不快的局面，具有很现实的指导意义。

（3）针对粉质土路基易冲刷、坍塌等不稳定的情况，采取了如下处理措施，达到了较好的效果：

①加强排水。在粉质土路基填筑两侧及时深挖边沟，有利于地表水和

地下水的排出，同时使路基免受雨水侵蚀，以保证路基含水率不大于土的最佳含水率。

②放缓边坡。适当加宽路基，通过放缓边坡这一方法使土体处于自稳状态，不易塌方，同时路基两侧压实宽度各增加50cm，以预留冲刷宽度，维持和保护主体路基的稳定。

③适当加大横坡度。3% ~4%的路拱有利于将路基范围内的降水及时排到路基外侧，不致形成局部溜槽，以免使积水渗入土基。

④及时边坡防护。沿河路段修整后，应立即采取浆砌护坡、护墙等措施，防止雨水直接侵蚀土基。

⑤采用石灰—水泥综合稳定法进行室内、室外试验发现，灰土路基的固结效果、强度、水稳定性均有明显提高。

（4）解决土源问题是关键。建议设计时，从路基的填筑高度考虑，并从周围调查取土点、适当增加征地面积等来落实，也可与市渣土办协调，指定弃土地点。

通过对现状土进行掺石灰处理后的路基进行检测，发现路基CBR、压实度、沉降指标均能达到《规范》要求，与宕渣比较，其优势也比较明显。

在试验路段成功的基础上，对省道S203中8km路段进行掺灰改良土回填，项目于2015年1月底建成通车。检测结果见表9.14，表明路基各项指标全优，目前已试运行近两年，全线路基平顺、稳定，桥头无跳车现象。此外，还可节约宕渣约35万m^3，相当于占地10亩、高50m山的量。

省道S203路段路基顶面弯沉检测成果表（单位：0.01mm）　　表9.14

桩　　号	设计值	平均值	代表值	备注
K0 +000 ~ K1 +000 左	266	97	228	宕渣段
K0 +000 ~ K1 +000 右		133	260	宕渣段
K1 +000 ~ K2 +000 左		116	257	宕渣段
K1 +000 ~ K2 +000 右		111	246	宕渣段
K2 +000 ~ K3 +000 左		119	251	宕渣段

续上表

桩　　号	设计值	平均值	代表值	备注
K2 +000 ~ K3 +000 右	266	114	252	宕渣段
K3 +000 ~ K4 +000 左		129	249	宕渣段
K3 +000 ~ K4 +000 右		121	234	宕渣段
K4 +000 ~ K4 +500 左		84	170	灰土段
K4 +000 ~ K4 +500 右		83	160	灰土段
K4 +500 ~ K4 +600 左		100	177	灰土段
K4 +500 ~ K4 +600 右		98	173	灰土段
K4 +600 ~ K4 +719. 48 左		144	216	宕渣段
K4 +600 ~ K4 +719. 48 右		140	210	宕渣段
K4 +764. 52 ~ K5 +000 左		97	160	灰土段
K4 +764. 52 ~ K5 +000 右		99	155	灰土段
K5 +000 ~ K6 +000 左		92	180	灰土段
K5 +000 ~ K6 +000 右		97	193	灰土段
K6 +000 ~ K7 +000 左		40	100	灰土段
K6 +000 ~ K7 +000 右		37	90	灰土段
K7 +000 ~ K8 +000 左		42	127	灰土段
K7 +000 ~ K8 +000 右		44	131	灰土段
K8 +000 ~ K9 +000 左		106	201	灰土段
K8 +000 ~ K9 +000 右		108	217	灰土段
K9 +000 ~ K10 +000 左		74	152	灰土段
K9 +000 ~ K10 +000 右		76	153	灰土段
K10 +000 ~ K10 +623. 42 左		81	157	灰土段
K10 +000 ~ K10 +623. 42 右		80	177	灰土段
K10 +696. 52 ~ K11 +000 左		98	186	宕渣段
K10 +696. 52 ~ K11 +000 右		90	156	宕渣段
K11 +000 ~ K12 +000 左		140	200	宕渣路基
K11 +000 ~ K12 +000 右		144	201	宕渣路基

5）问题及建议

（1）采用钱塘江土（淤泥晾干）填筑路基，存在以下问题：

①表层 5cm 范围内的土比较松散，容易出现“起皮”现象（图 9.7）。

图 9.7　起皮、碾压困难

②容易出现冲刷现象（图 9.8）。

图 9.8　出现冲刷现象

③轮迹难以消除（图 9.9）。

图 9.9　轮迹明显

针对上述问题，目前我们正参考其他地区的施工经验，在开展水泥—石灰综合改良的室内试验，以期最佳效果。试验检测结果如表9.15所示。

粉土路基无侧限强度（室内）检测汇总表（单位：MPa）　　表9.15

掺灰量	7d	14d	21d	28d
6%石灰	0.07	0.26	0.30	0.32
8%石灰	0.13	0.28	0.36	0.41
5%石灰+1%水泥	0.20	0.28	0.31	0.34
4%石灰+2%水泥	0.35	0.38	0.41	0.48
3%石灰+3%水泥	0.41	0.67	0.8	0.86
3%石灰+5%水泥	0.65	0.85	1.14	1.22

试验表明，钱塘江江底的粉土通过掺加一定比例的水泥，填筑路基的固结效果、强度、水稳定性都有明显的提高。

（2）采用土方路基填筑需先行增加征地面积，以方便取土；后续可以通过边坡排水、绿化整形等形式协调整个环境。

（3）对原状土进行掺灰改良，进而达到符合要求的路用材料性能，从而解决当前路基宕渣严重不足的问题，对工程的顺利推进具有很现实的指导意义。经掺合改良后的土尽管有受天气影响大的不足，但就地取材方便，节约资源，较之宕渣有明显的优势，值得总结推广。建议对改良材料方面进一步开展深入研究。

10　台州市已建公路“桥头跳车”处治实践

10.1　软土路基轻质材料与下隔板结合处治措施

泡沫珠混凝土由泡沫珠（EPS颗粒）、中粗砂、碎石、水泥与水等材料，通过一定的配合比组成设计，经施工拌和而成。本试验工程所用材料均为就近选取，其中，泡沫珠（EPS颗粒）为聚苯乙烯球状颗粒，粒径为3～5mm，表观密度为15～20kg/m^3；水泥为普通硅酸盐水泥P·O32.5；集料：细集料中砂细度模数值在2.3～3.0之间，粗集料碎石粒径分布范围为5～21.5mm；外掺剂为常用的早强减水剂、微硅粉、粉煤灰等。

气泡混凝土是将固化剂（水泥）、水、气泡和其他外掺材料按一定的比例充分混合、搅拌后形成的轻质材料，具有轻质性、重度和强度可调节性、高流动性、固化后的稳定性、良好的施工性、耐久性和优越的环保等诸多特性。

成品块体的聚乙烯气泡块（称为EPS块体）换填台后土体，以起到减轻台后土压力的作用。

软土路基轻质材料与下隔板结合处治措施相关示意图如图10.1所示。

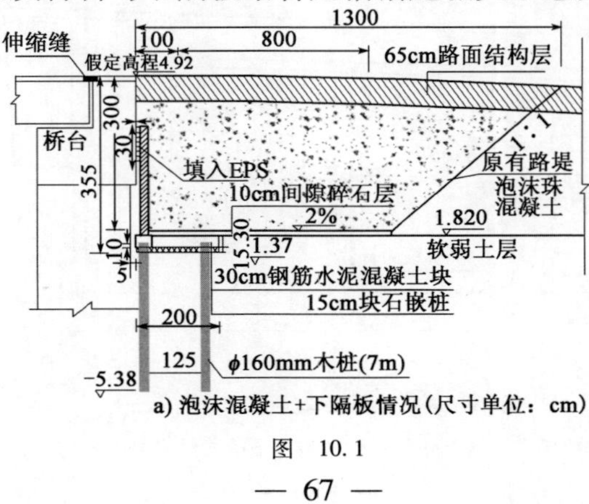

a) 泡沫混凝土+下隔板情况（尺寸单位：cm）

图　10.1

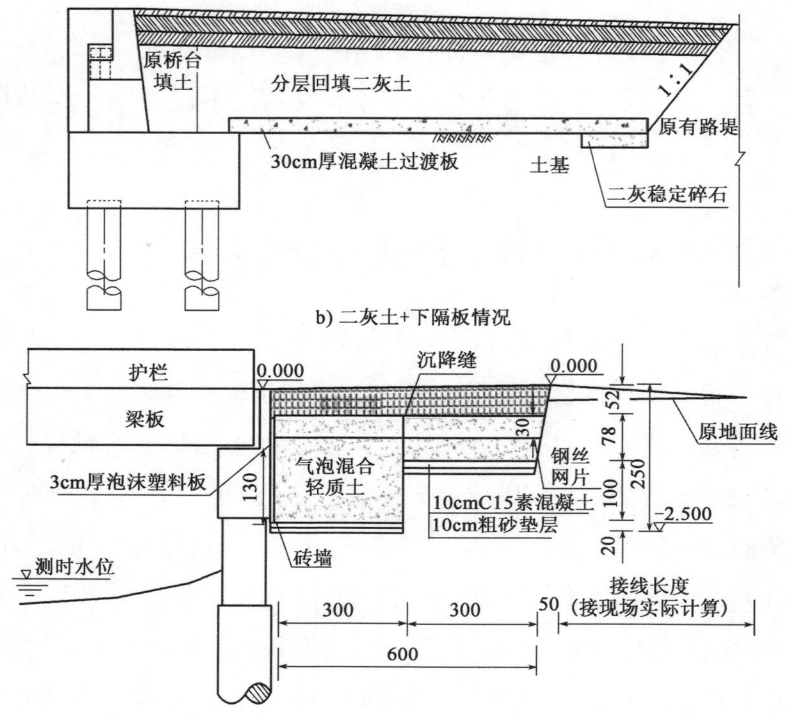

c) 轻质土+下隔板情况(尺寸单位：cm)

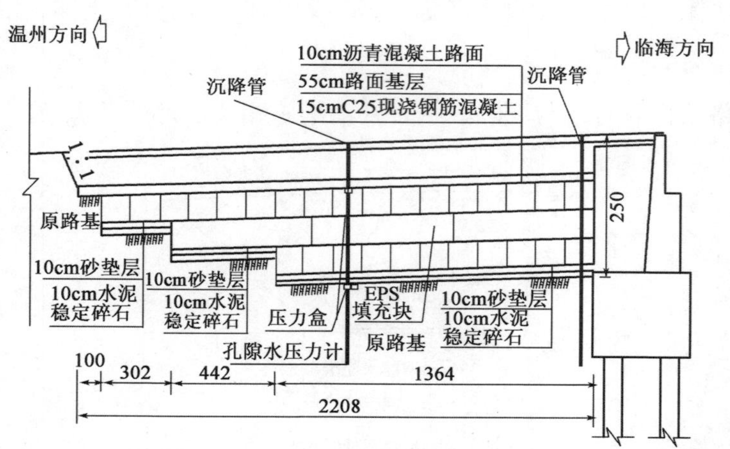

d) EPS块体+下隔板情况(尺寸单位：cm)

图 10.1　软土路基轻质材料与下隔板结合处治措施

10.2　软土路基注浆处治措施

（1）深层注浆。对台后土体进行钻孔，钻孔深度为 6～8m，钻孔平面呈梅花形，采用化学速凝浆液注浆，以起到固结土基的作用，如图 10.2、图 10.3 所示。

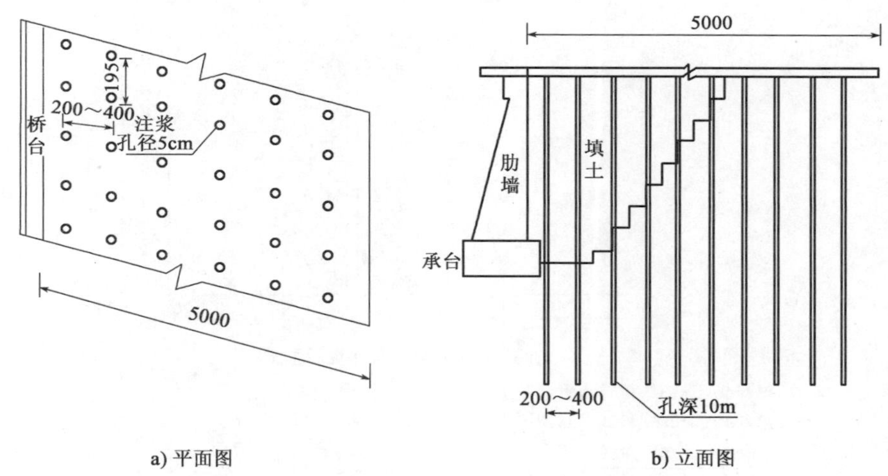

图 10.2　搭板板底注浆与搭板末端加固联合处治方案图（尺寸单位：cm）

图 10.3　软土路基深层注浆处治现场照片

（2）浅层注浆。采用水玻璃、铝粉等速凝、微膨胀浆液，钻孔深度为 60cm 左右，对浅层路基进行灌浆，以起到加固路基的作用，特别针对采用宕渣料填筑的软土路基，有很好的效果，如图 10.4、图 10.5 所示。

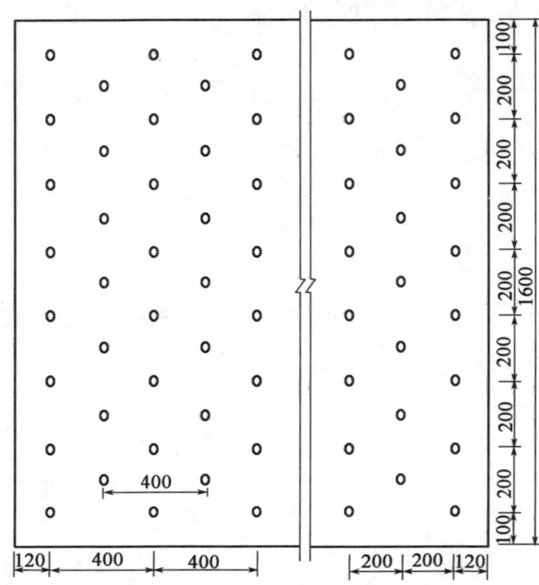

a) 路基压密注浆孔位布置示意图

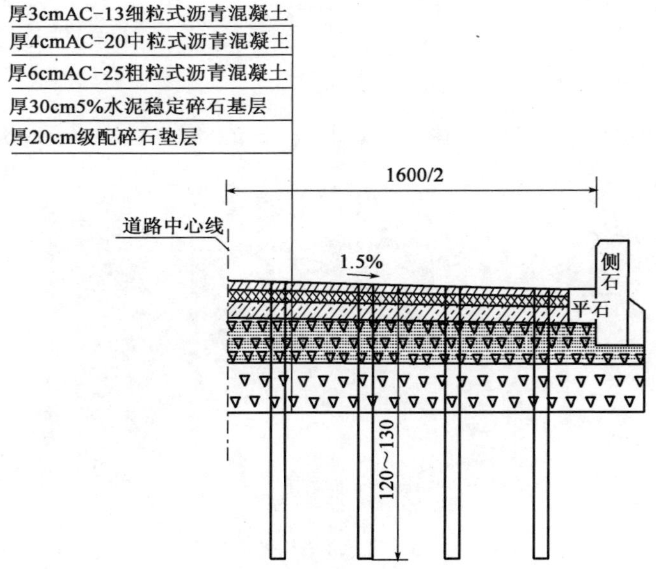

b) 桥头过渡段注浆孔位布置横断面图

图 10.4　路基压密注浆孔位布置（尺寸单位：cm）

图 10.5　软土路基浅层注浆处治现场照片

2007—2014 年间，软土路基注浆处治技术分别在马铺新桥、开发区桥、新四号桥、西门立交桥、永宁江大桥、凤山桥、甬台温灵江特大桥上跨 104 国道处系梁、82 省道延伸线多桥、路桥东方大道路基、椒江开发大道等公路与城市道路上获得成功应用。

11 温州市公路“桥头跳车”处治实践

11.1 104 国道瓯海段“桥头跳车”深层注浆处治措施

温州 104 国道瓯海段全程长 10km，属于典型的软土地质段。该路段于 2000 年改建通车后，由于软基一直处于不均匀沉降，桥头“跳车现象”十分严重。该路段每天平均混合交通量达 5 万～6 万辆。全线共有 13 座桥梁，平均每年须对桥头进行加铺。为了有效解决桥头跳车问题，2008 年将下呈二桥作为试验工程，采用 4 种不同方法对四个桥头进行处治。

下呈二桥建于 2001 年，桥台后设置搭板，桥头接线路基宽 25.5m，中间绿化带宽 2.0m，行车道宽 2×7.75m，辅车道宽 2×3.5m。该桥建成后，桥头填土一直处于自然沉降，到 2007 年，6 年间总共沉降 85cm 左右，其中台后加铺沥青 5 次，每次约为 10～15cm，而且搭板已经脱空。虽然每年都投入大量的人力与物力进行养护，“桥头跳车”问题在养护初期有所缓解，但是随着时间的延长，搭板脱空，“桥头跳车”问题又变得越来越严重。

以该桥为背景，对既有“桥头跳车”问题的桥梁进行调研，分析病害形式与病害机理，同时从道路养护的角度出发，避免大面积的开挖，缩短养护工期，减小对道路交通的影响，在此基础上，提出有针对性的整治措施和实施方案，将“桥头跳车”控制在容许标准以内。

4 种处治方法具体如下：

（1）深层注浆加固台背填土快速修复技术（DGR 加固法）。注浆处理长度为 50m，注浆孔径为 5cm，注浆孔横向布孔 5 排，纵向孔间距为 2～4m，注浆深度为 10m（根据地基承载力要求和土体软弱程度确定注浆深度），注浆压力为 0.5～1MPa，注浆结束 12h 后开放交通。

（2）去除桥头踏板并在台背填土面注浆联合处治，施工工艺同方法（1）。

（3）搭板板底注浆与挡板末端竖向加固处治。从台背填土进行注浆加固，注浆范围为搭板长度 +1.5m，注浆孔径为5cm，注浆孔按照三角布置，间距为150cm×150cm；搭板底部采取浅层注浆，搭板末端采取竖向注浆，注浆深度为10m，注浆压力为0.5～1MPa，注浆结束12h后开放交通。

（4）桥头接坡采用水泥稳定层调整，面层采用沥青混凝土。此法主要是作为对比方案。

对试验桥梁桥头接坡接线路段沉降进行观测，分别取距离桥台1m、5m、9m处布置3个横向观测点，通过1年的使用观测，总沉降量为1cm左右，这说明深层注浆加固方法效果明显。

2009年，对104国道其他12座桥梁（表11.1）“桥头跳车”采用了深层注浆加固技术处理桥头软基。

G104线瓯海段12座注浆桥梁明细表　　表11.1

序　　号	桥梁名称	桥位桩号	桥长（m）	备　　注
1	岳湖桥	K1917 +168	117	
2	鹅湖桥	K1918 +392	52	左右幅
3	下墩桥	K1919 +184	84	左右幅
4	王宅桥	K1920 +172	85	左右幅
5	霞樟桥	K1920 +738	22.6	左右幅
6	姜宅桥	K1921 +516	70.6	左右幅
7	下呈一桥	K1922 +103	84	左右幅
8	林山一桥	K1923 +232	68	左右幅
9	林山二桥	K1923 +726	61.7	左右幅
10	竹溪二桥	K1925 +246	36	左右幅
11	竹溪一桥	K1924 +812	62	左右幅
12	沈岙桥	K1925 +973	30	左右幅

通过随后四年的使用，2013年6月，对注浆加固后的桥头沉降进行观测发现，沉降基本趋于稳定，大部分桥梁桥头沉降量为13～15mm，总体效果良好。

11.2 瓯江口某段公路工程高架承台处软基过渡处治措施

温州市瓯江口某段公路工程所处地貌为海积平原，地势平坦开阔，全线均为软土路段，表部为硬壳层，工程性质较差~一般，地基承载力 f_{a0} =80~90kPa；上部厚层为淤泥类土层，最大厚度可达40m，工程性质极差，f_{a0} =40~80kPa，含水率为49.7%~69.8%，孔隙比为1.502~1.937，压缩系数为0.790~2.300MPa^{-1}，压缩模量为1.47~3.19MPa；中下部为黏性土层，软塑~可塑状，工程性质较差~一般，f_{a0} =110~180kPa。

本项目由于温州市域铁路工程S2线出入场段增加轨道的缘故，需设置门架墩落于本项目侧分带上。根据与S2线设计单位对接，门架墩宽度2m，考虑一定的安全距离，侧分带宽度采用3m。正常情况下，断面布置为：0.5m土路肩+2.75m辅道+3m侧分带+0.5m路缘带+3×3.75m行车道+0.5m路缘带+6m中央分隔带+0.5m路缘带+3×3.75m行车道+0.5m路缘带+3m侧分带+2.75m辅道+0.5m土路肩=43m。

由于S2线承载位于本项目行车道底部，受桩基影响，路面一定范围内特别是临近桩基范围的路面沉降量将相对较小，与一般路段路面结构之间容易发生裂缝。因此，本项目S2区域段考虑加强桩基两侧路基沉降变形的协调性，降低路基沉降量，以免沉降负摩阻力对桩基产生不利影响。结合S2线与本项目位置关系，分以下两种情况进行施工处理分析。

（1）本项目与市域铁路S2共线路段，见图11.1。

该共线路段只有中央分隔带处部分路面受S2桥墩影响，原则上采用桩基础+钢筋混凝土框格协同处理。这一区域内，软土地基桩基础根据软土层厚度采用水泥搅拌桩或预应力管桩。一般情况下，软土层厚度为15~20m时采用水泥搅拌桩处理，软土层厚度较大时采用预应力管桩处理，临近桥墩处推荐采用水泥搅拌桩处理，相比之下施工扰动影响较小。具体施工时，搅拌桩边缘或管桩桩帽边缘距离承台边缘不小于50cm。对于S2桥墩桩基或承台进入到本项目行车道范围内，打桩时应注意进行避让，桩位应在承台范围之外，且桩帽边缘距离承台边缘不小于50cm。

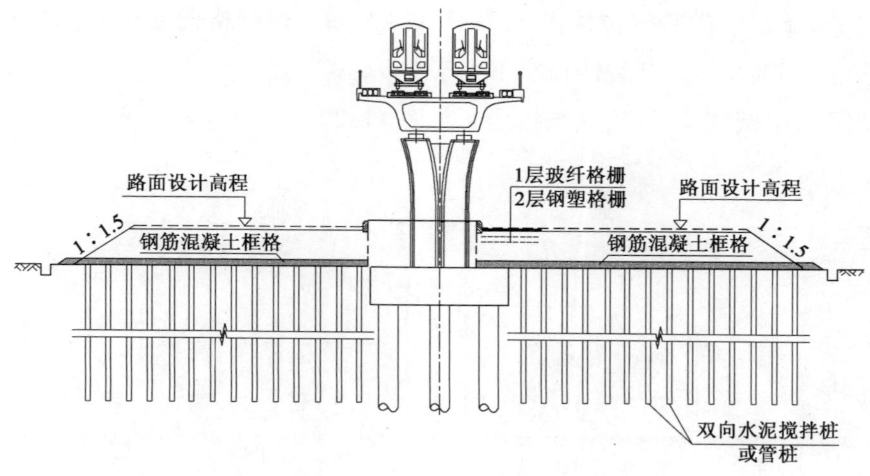

a) 横断面图

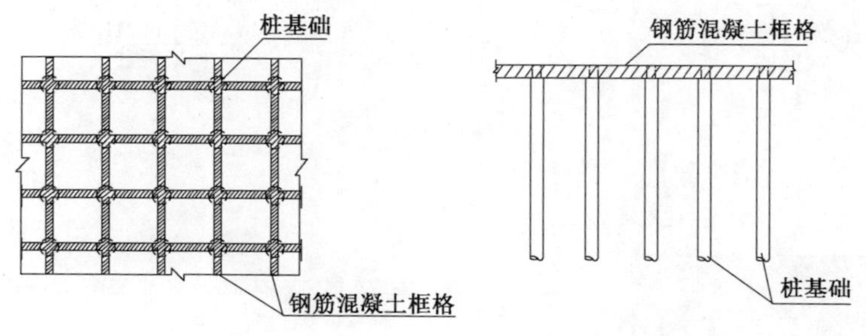

b) 平面布置图与立面图

图11.1　共线路段软土路基处理图

由于软土地基沉降中，较大程度的沉降变形差异容易导致路面结构拉裂。本方案结合桩基础处理进行，路基整体变形协调性控制。具体施工时，软基桩基础施工完成后，在桩基顶浇筑钢筋混凝土框格，框格大小根据桩间距确定，一般设计厚度为20～24cm，具体位置结合桩基顶高程进行水泥砂浆调平处理。

考虑到处理后框格中部仍会有一定的软土沉降，可在路床底与框格顶面之间再加铺一层钢塑格栅，路面各沥青面层底部加铺一层玻纤格栅，格栅一边铺至中分带边缘，其余各边伸出承台 2m。钢塑格栅要求断裂延伸率不大于 3%，纵横向抗拉强度不小于 100kN/m。玻纤格栅要求双向抗拉强度不小于 50kN/m，断裂伸长率不大于 3%。

（2）市域铁路 S2 出入场线段，见图 11.2。

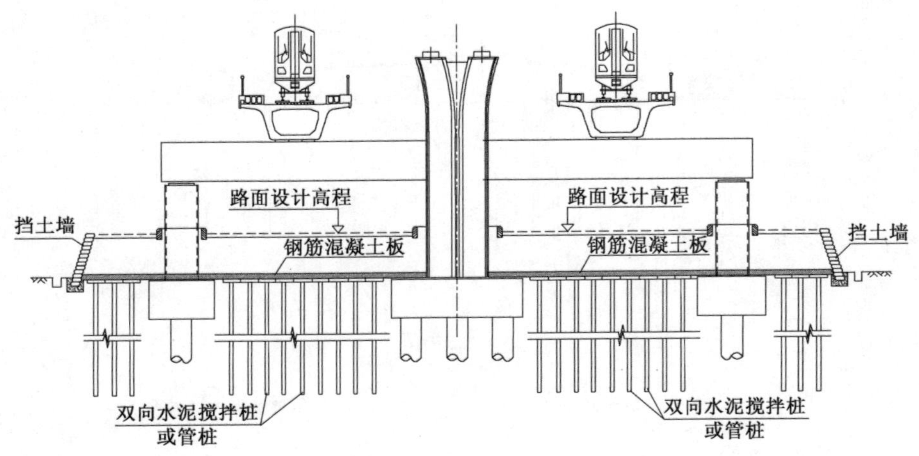

a) 横断面

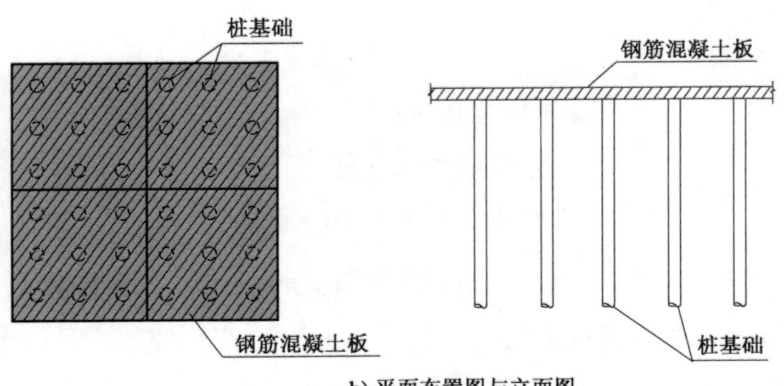

b) 平面布置图与立面图

图 11.2　市域铁路 S2 出入场线段软土路基处理图

该路段受用地红线控制，导致 S2 桥墩桩基承台无法完全位于中分带或侧分带内，承台将伸入到本项目行车道范围内。行车道路基整体位于 S2 桩基之间，受三排桩基承台影响，相比而言影响范围更大，施工影响性控制也应更为严格。为减少承台内外路基沉降差异，采用桩基础 + 钢筋混凝土板协同处理。桩基础主要采用水泥搅拌桩处理。

具体施工时，搅拌桩边缘距离承台边缘不小于 50cm。由于 S2 桥墩桩基或承台进入到本项目行车道范围内，桩施工时应注意进行避让，桩位应在承台范围之外。本方案在桩基础顶部浇筑钢筋混凝土板，混凝土设计厚度 20 ~ 24cm，板体根据桩间距情况进行矩形分块处理，单块板面积宜为 24 ~ 30m^2。钢筋混凝土板的作用相比于前一方案的钢混框格进一步提升。初步来看，两者均通过提升桩基础作用下的软土地基变形协调性来缓解道路沉降变形；不同的是，钢混板结构将上部荷载均匀分布至桩基和桩间土，因此，桩顶并不形成土拱效应，路堤填土高度也可适当优化降低。

分隔的钢混板块之间不设置连接构件，但应在分隔缝位置铺设钢塑格栅，以减轻板宽间因不均匀沉降而导致的裂缝反射。除此之外，S2 墩台位置也应铺设格栅，具体铺设时应注意留出门架墩承台位置。

12　宁波市公路“桥头跳车”处治实践

12　宁海城区道路石灰土路基实践

宁海城区梅林至山河岭段改道工程路线全长11.235km，按四~六车道的一级公路标准设计，设计速度为80km/h，路基宽度为26.5~45m。由于城区道路开挖时土石方运输受限，而外借填料又存在运输困难，故利用原状土进行掺灰处理后再填筑更合适，具体可从经济和环保两方面进行比较判断，如表12.1、表12.2所示。

掺灰土和外借宕渣经济比较　　表12.1

方案	单价（元/m^3）	备　注
方案一：外借宕渣	72.09	类似工程外借宕渣价格：象西线为70.7元/m^3，枫槎岭三期为73.47元/m^3，平均价格为72.09元/m^3
方案二：掺灰土	75.51 - 26.41 = 48.1	5%掺灰土单价为75.51元/m^3，由于不需弃土，减去弃土单价26.41元/m^3，实际增加单价为48.1元/m^3
结论	采用掺灰土比较经济	

掺灰土和外借宕渣环保比较　　表12.2

方案	优　点	缺　点
方案一：外借宕渣	施工机械稍少，施工工艺简单，受天气影响较小，填筑速度较快	需开炸山体、宕渣运输影响城区交通，也会造成生态破坏、空气污染
方案二：掺灰土	可利用弃方，减少了运输、弃土场地等，不造成生态破坏、水土流失、空气污染，不占用土地资源等，比较环保	多一些拌和机械，施工工艺稍复杂，受天气因素影响较大，填筑速度较慢
结论	采用掺灰土方案比较环保	

为确保掺灰土路基的填筑质量，在K7+980~ZK8+150段进行了掺石灰土路基试验，以确定施工的合理技术参数。

本段路基土质为填筑土、耕植土地、粉质黏土地、含碎石粉质黏土不等。掺灰土主要用于低填浅挖换填段路基填筑，试验段分上路床和下路床两个区域实施，其中，上路床（路面底 0 ~ 40cm）采用 6% 石灰土分两层填筑；下路床（路面底 40 ~ 80cm）采用 5% 石灰土分两层填筑。

1）现场取土样

ZK7 + 980 ~ ZK8 + 150 段路基，最大干密度为 1. 78g/cm^3，最佳含水率为 12. 5%，液限为 35. 7%，塑限为 20. 3%，塑性指数为 15. 4。该段长度为 170m，施工宽度为 23. 5m，每层压实厚度为 20cm，石灰等级为Ⅲ级。5% 石灰土的标准试验最大干密度为 1. 868g/cm^3，最佳含水率为 12. 0%。6% 石灰土的标准试验最大干密度为 1. 872g/cm^3，最佳含水率为 11. 8%。

2）施工工艺及质量控制

（1）施工放样。放出路基施工段中桩，用水准仪测量计算出施工宽度、高程，用石灰撒出中线、边线，现场打桩做点拉线以控制土的厚度。

（2）原材料试验。消石灰天然松干密度为 1230kg/m^3；5% 石灰土最大干密度为 1. 868g/cm^3、石灰土最佳含水率为 12. 0%。

（3）备灰。将袋装消解后的石灰运至施工现场。

（4）运送土。将堆放在路基右侧的土料，用挖掘机、装载机及运土车送到试验段。现场打出灰线分格，分格尺寸为 5. 88m × 5m，专人指控每车卸土于划线分格内（图 12. 1）。

图 12. 1　现场灰线分格

（5）摊铺翻晒。用推土机将堆料摊铺，人工进行初平。此过程中应随时控制土块粒径，粒径大于10cm的土块应人工捣碎，卵石采用人工清理，并随时检测其含水率是否符合要求。如含水率大则需进行翻晒，含水率小则需进行洒水。

（6）掺灰拌和。检测人员对现场土样的含水率进行检测，待含水率高于最佳含水率2%～3%时可以开始布灰，即用装载机装石灰，并运送到试验段（图12.2）。按数量布灰后，人工将石灰均匀摊铺在素土层表面上，利用机械对灰土进行拌和；拌和结束后用旋耕机对所拌灰土进行翻耕，直到灰土颗粒达到规范要求。

a)

b)

图12.2　掺灰拌和

灰土的现场检测结果如下：

①下路床40～60cm，5%石灰掺量，实测含水率：13.8%、14.6%、

14.0%、13.2%、14.8%、14.0%，含水率符合标准试验要求。

②上路床 20～40cm，6% 石灰掺量，实测含水率：14.7%、13.6%、14.2%、14.6%、14.6%、13.5%，含水率符合标准试验要求。

（7）整平。灰土拌和均匀后，使用压路机稳压一遍（本段路基填料中卵石料较多，无法使用平地机）。用推土机结合人工粗平，再用振动压路机在初平的路段上快速碾压 1～2 遍，以暴露潜在的不平整；接着再用挖机结合人工进行整平，整平前应使用旋耕机将轮迹低洼处表面层 5cm 以上打松，整平后再用振动压路机快速碾压一遍。压路机快速碾压结束后，恢复中线以及边线，测量人员现场按相应的松铺系数确定填层厚度打边桩（间距 20m），在边桩上标出层厚并用尼龙绳相连，以控制填筑宽度和层厚。在整形过程中，严禁任何车辆通行。

（8）碾压。碾压时，先从路缘向路中心，再从中心向两旁顺次进行。碾压采用进退错距法，前后两次轮迹重叠 15～20cm，试验时分别取 5、6、7、8 四种碾压遍数进行试验，以取得最佳的参数组合，首末遍采用静碾，其他遍次采用振碾（图 12.3）。

图 12.3　碾压

3）路基顶面回弹弯沉试验

采用贝克曼梁测定路基面回弹弯沉试验，结果见表 12.3。

4）路基成型前后对比照片

路基成型前后的对比如图 12.4 所示。

路基顶面回弹弯沉试验结果（单位：0.01mm）　　表 12.3

测点桩号	车道	初读数	终读数	回弹弯沉	初读数	终读数	回弹弯沉
K8 +000	左 1	87	80	14	275	260	30
K8 +020	左 1	185	177	16	148	142	12
K8 +040	左 1	343	334	18	166	153	26
K8 +060	左 1	369	358	22	442	431	22
K8 +080	左 1	304	300	8	445	405	80
K8 +100	左 1	689	677	24	158	144	28
K8 +120	左 1	828	817	22	160	147	26
K8 +140	左 1	137	126	22	278	258	40
K8 +140	左 2	107	98	18	111	99	24
K8 +120	左 2	348	330	36	51	38	26
K8 +100	左 2	372	364	16	137	124	26
K8 +080	左 2	39	30	18	734	723	22
K8 +060	左 2	119	105	28	151	139	24
K8 +040	左 2	161	151	20	127	115	24
K8 +020	左 2	167	153	28	192	180	24
K8 +000	左 2	149	139	20	117	109	16
测点数	平均回弹弯沉值			标准差		弯沉代表值	
32	24.37			12.03		48.42	
结论	实际弯沉值远小于路基顶面弯沉控制值						

a) 施工前

图　12.4

b) 施工后

图 12.4　路基成型前后对比照片

12.2　镇海区公路工程桥头软基下隔板处治措施

镇海区某段公路工程所处地貌为海积平原，全线均为软土路段，主要地质情况概述如图 12.5 所示。

①$_1$ 层人工填土：总体呈稍密 ~ 松散状态，由碎石、块石、黏性土及少许建筑垃圾等组成，成分极不均一。

①$_2$ 层黏土：灰黄色，可塑，下部偏软塑，厚层状，中等偏高压缩性，含有铁、锰质斑点渲染，局部见少量腐殖质，土质不甚均一，土面光滑，有光泽反应，无摇震反应，韧性高，干强度高。该层全线多处分布，河流段缺失，层厚一般为 0.5 ~ 3.60m。

②$_1$ 层淤泥质黏土：灰色，流塑状态，厚层状，高压缩性，土质不甚均一，局部为淤泥，土面光滑，有光泽反应，无摇震反应，韧性高，干强度高，含少量贝壳碎屑。该层钻孔均有揭露，层厚一般为 17.7 ~ 25.40m，顶板高程为 -2.20 ~ 1.45m。

③$_1$ 层粉砂、粉土：灰色，稍密 ~ 中密，饱和，干强度低，韧性差，颗粒以黏性土层胶结，局部夹黏性土层。厚度一般为 1.0 ~ 4.90m，顶板高程为 -22.84 ~ -18.38m。

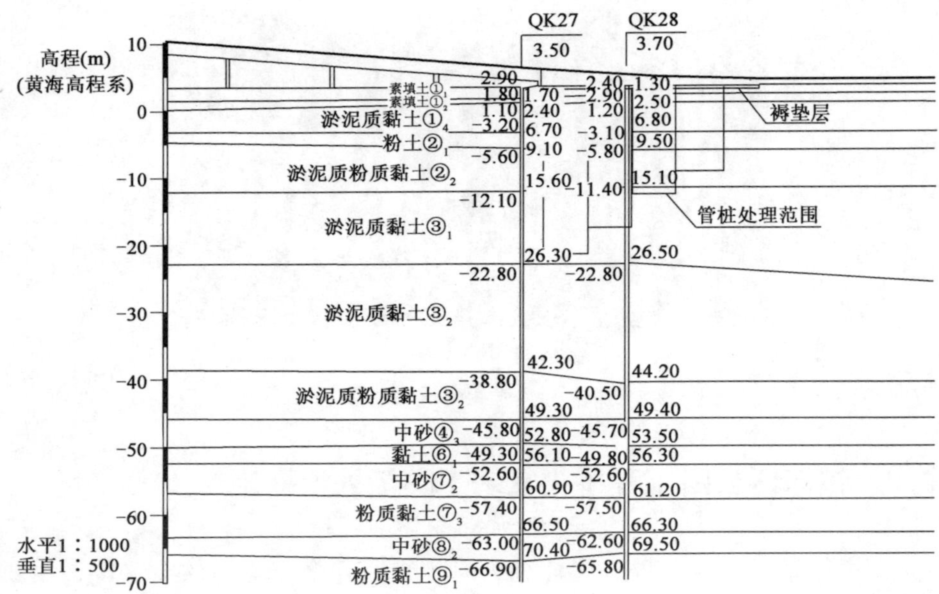

图 12.5　镇海区某公路软土路段地质构造图

③$_3$ 层粉质黏土夹砂：灰色，流塑～稍密，饱和，干强度低，韧性差，以黏性土与粉砂、粉土互层为主，局部为淤泥质土。厚度一般为 1.4～7.90m，顶板高程为 -25.54～-17.87m。

④层粉质黏土：灰色，软塑，饱和，干强度高～中等，韧性中等，夹粉土及粉砂薄层，含有机质，含水率高，局部为淤泥质土。厚度一般为 2.40～14.7m，顶板高程为 -34.18～-21.18m。

⑤层粉土：灰色，稍密～中密，饱和，干强度低，韧性差，有摇振反应，局部夹有黏性土层。厚度一般为 1.50～11.30m，顶板高程为 -43.20～-35.26m。

⑥层黏土：厚度一般为 0.5～7.75m。本层为深部软土，含水率为 40%～56%，孔隙比较大，但力学性能尚可。

该地基土层的主要计算指标见表 12.4、表 12.5。

地基土层物理力学指标　　表 12.4

编号	土　层	厚度（m）	饱和重度（kN/m^3）	快剪 c（kPa）	快剪 φ_q（°）	固结快剪 φ_{cq}（°）
1	黏土	0.5～3.60	18.5	27.3	13.2	15.0
2	淤泥质黏土	17.7～25.40	18.0	6.8	4.8	8.5
3	粉土	1.0～4.90	18.7	11.4	16.6	16.6
4	粉质黏土夹砂	1.4～7.90	18.6	11.5	13.4	15.2
5	淤泥质粉质黏土	2.40～14.7	18.5	14.6	10.0	13.5

土层 ***E～P*** 参数（单位：kPa）　　表 12.5

编号	土　层	E=0kPa	E=50kPa	E=100kPa	E=200kPa	E=400kPa
1	黏土	0.884	0.841	0.813	0.773	0.719
2	淤泥质黏土	1.336	1.212	1.142	1.038	0.917
3	粉土	0.862	0.787	0.756	0.718	0.672
4	粉质黏土夹砂	0.874	0.803	0.771	0.731	0.685
5	淤泥质粉质黏土	1.037	0.957	0.912	0.858	0.789

路基断面布置为：4m 人行道＋3.5m 非机动车道＋12m 机动车道＋5m 中央分隔带＋12m 机动车道＋3.5m 非机动车道＋4m 人行道＝44m。

软基处理主要为桥头路段，路基填筑较高，为 2～3.5m，为避免出现“桥头跳车”现象，保证行车舒适性，采用预应力管桩结合钢筋混凝土框架进行软基处理。一般路段填土高度为 1.5～2m，填土高度较低，采用堆载预压结合预抛高等措施进行软基处理。

公路软土路基下隔板处理纵断面图及平面图布置如图 12.6、图 12.7 所示。

本工程桥头软基处理分为加固段和过渡段两种情况。

（1）加固段：对桥头 10.4m 范围进行加固处理，处理后路面在设计使用年限内的工后沉降不大于 10cm，以避免“桥头跳车”现象。软基采用预应力管桩深层处理，管桩呈正方形布置，桩间距为 2.6m。管桩顶设置 1.2m 宽的纵横向钢筋混凝土框格梁，既保证路基受力变形的整体性，又充分利用桩间土及管桩整体受力。根据各桥头的软基情况，通过理论计算，确定加固段桩长。

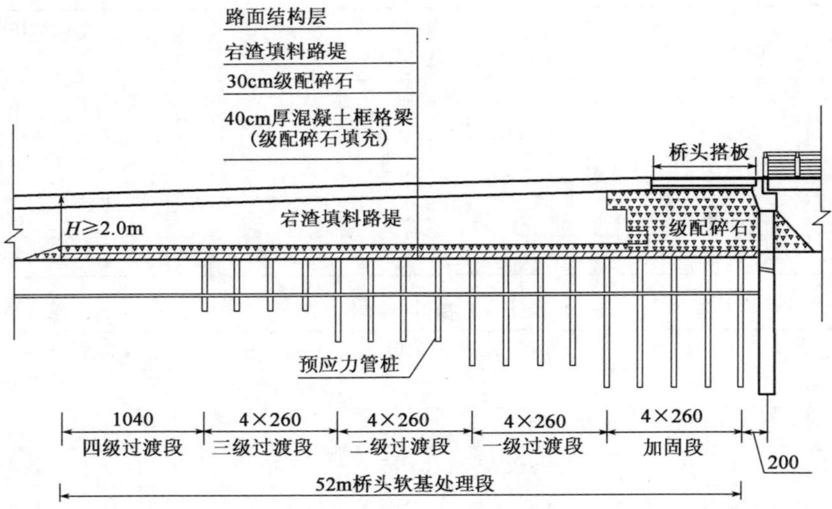

图 12.6 公路软土路基下隔板处理纵断面图（尺寸单位：cm）

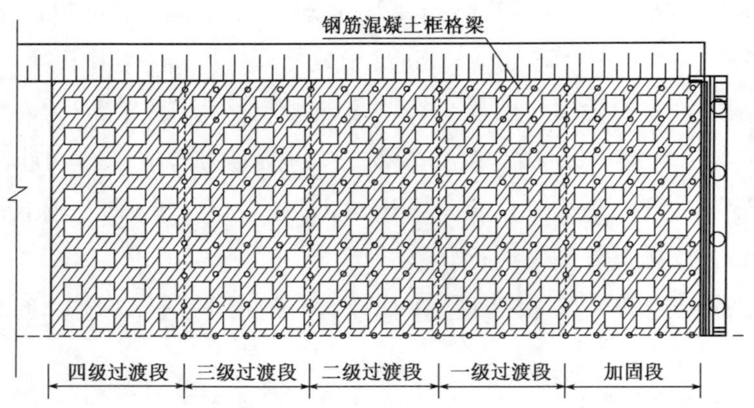

图 12.7 公路软土路基下隔板处理平面布置图

（2）过渡段：本项目一般路段通过降低路基填土高度，采用堆载预压结合预抛高进行软基处理，将一般路段在路面设计使用年限内的工后沉降控制在不大于 30cm。在桥头软基处理加固段和一般路段间设置过渡段，并保证差异沉降的过渡满足渐变率不大于 0.5%。采用预应力管桩进行软基处理的路段，其过渡段设置一般有变桩长、变桩距或同时变桩长及桩距三种方式。为保证路基受力变形的整体性，本项目设计采用钢筋混凝土框格梁作为路基下隔板。距离桥头越远的路基其填筑高度越低，为确保路基在框格梁间形成土拱效应，不宜加大桩间距。因此本次设计保持桩间距及框格梁的尺寸不变，通过改变桩长过渡。设计时，设置了四段过渡段，根据各桥头的软基情况，通过理论计算，确定第一、第二及第三段过渡段的桩长。第四段过渡段不设置预应力管桩。

参考文献

[1] Terzaghi K. Theoretical soil mechanics[M]. New York: John Wiley and Sons Inc, 1943.

[2] 孙钧. 岩土材料流变及其工程应用[M]. 北京：中国建筑工业出版社，1999.

[3] 龚晓南. 对岩土工程数值分析的几点思考[J]. 岩土力学，2011，32（2）：321-325.

[4] 孙钧. 孙钧院士八秩华诞论文选集[C]. 上海：同济大学出版社，2006.

[5] 刘宝琛. 刘宝琛文集[M]. 长沙：中南大学出版社，2011.

[6] 周筑宝. 最小耗能原理及其应用[M]. 北京：科学出版社，2012.

[7] 朱汉华，等. 工程结构稳定平衡与变形协调控制方法及应用[M]. 北京：人民交通出版社股份有限公司，2015.

[8] 朱汉华，周智辉. 土木工程结构受力安全问题的思考[M]. 北京：人民交通出版社，2012.

[9] 中华人民共和国行业标准. JTG D30—2004 公路路基设计规范[S]. 北京：人民交通出版社，2004.

[10] 高大钊. 岩土工程的回顾与前瞻[M]. 北京：人民交通出版社，2002.

[11] 郭院成，等. 路基工后沉降变形控制新技术与桥头跳车处理//第九届土力学及岩土工程学术会议论文集[C]. 北京：清华大学出版社，2003.

[12] Liu G. B., Liao S. M. Geotechnical engineering in soft ground[M]. Shanghai: Tongji University Press, 2001.

[13] Lo, S. R., M. R. Karim, C. T. Gnanendran, Consolidation and Creep Settlement of Embankment on Soft Clay: Prediction Versus Observation, in Geotechnical Predictions and Practice in Dealing with Geohazards, 2013, Springer Netherlands: Dordrecht. 77-94.

[14] Hunt H. E. M. Settlement of railway track near bridge abutments[C]. ICE

Proceedings-Transport, 1997, 123 (1): 68-73.

[15] Snow C. L. , Nickerson, C. R. Case study of EPS geofoam lightweight fill for settlement control at bridge approach embankment [J]. Geotechnical Engineering for Transportation Projects, 2004, 1: 580-589.

[16] Demura Y. , Matsuo M. Optimization of Foundation of Bridge on Soft Ground [C]. in Reliability and Optimization of Structural Systems: Proceedings of the sixth IFIP WG7. 5 working conference on reliability and optimization of structural systems 1994, 1995, Springer US: Boston, MA. 112-119.

[17] Cui Z. D. , Ren S. X. Prediction of long-term settlements of subway tunnel in the soft soil area[J]. Natural Hazards, 2014, 74 (2): 1007-1020.

[18] Wu J. Y. The settlement behaviors of granular backfill materials for high speed rail embankment [J]. Geotechnical Engineering for Transportation Projects, 2004. 2 (126): 1584-1591.

[19] Briaud J. L. , James R. W. , Hoffman S. B. Settlement of bridge approaches (The bump at the end of the bridge) [M]. Washington: Transportation Research Board, 1997.